反内卷

破除无效竞争的 6 大方法

王为 ◎ 著

ANTI-INVOLUTION

Six Ways to Break Ineffective Competition

图书在版编目（CIP）数据

反内卷：破除无效竞争的 6 大方法 / 王为著 . -- 北京：机械工业出版社，2021.9
（重做系列丛书）
ISBN 978-7-111-68886-0

I. ①反… Ⅱ. ①王… Ⅲ. ①企业竞争 – 研究 Ⅳ. ①F271.3

中国版本图书馆 CIP 数据核字（2021）第 155664 号

反内卷：破除无效竞争的 6 大方法

出版发行：机械工业出版社（北京市西城区百万庄大街 22 号　邮政编码：100037）
责任编辑：韩　蕊
责任校对：马荣敏
印　　刷：北京文昌阁彩色印刷有限责任公司
版　　次：2021 年 9 月第 1 版第 1 次印刷
开　　本：147mm×210mm　1/32
印　　张：5.5
书　　号：ISBN 978-7-111-68886-0
定　　价：89.00 元

客服电话：（010）88361066　88379833　68326294　　投稿热线：（010）88379604
华章网站：www.hzbook.com　　　　　　　　　　　　读者信箱：hzit@hzbook.com

版权所有・侵权必究
封底无防伪标均为盗版　　本书法律顾问：北京大成律师事务所　韩光 / 邹晓东

前言

"内卷"最初由美国人类学家亚历山大·戈登威泽提出的时候，是一个文化层面的概念："当一种文化模式进入最终的固定状态时，便逐渐局限于自身内部，不断进行复杂化的转变，从而再也无法转化为新的文化形态。"这种停滞的状态，就是所谓的"内卷"。

如今，陷入"内卷"旋涡的只是文化吗？当然不是，在我看来，我们的生活、工作，乃至企业的经营、发展，都已经受到了不同程度的"内卷"的影响。甚至，很多人已经深陷其中，无法自拔。

可以回想一下，在我们的生活和工作当中，或者在企业的经营当中，是不是经常出现明明做出了正确的选择，最终的结果却不尽如人意的情况？举个例子，作为一个企业的经营者，你准确地洞察出了市场的发展趋势，合理地预判了未来会成为消费热点的产品类型，甚至已经开发出了相应的产品并上市，却没有迎来预想当中的火爆销售场景。

为什么会出现这种情况？其实很大程度上是因为人们的思维模式受到了时代发展和个人经验的限制，人们只能按照常规的思路去考虑问题。因为你能想到的，其他人也能想到，所以很多人常常集中在同一条赛道上疯狂竞争，鲜有人注意到常规赛道之外的领域，这就是"内卷"在企业经营当中的一种非常普遍的表现。

从这个角度来说，"内卷"的存在实际上危害极大。因为即便是热门的行业，自身的体量也是有限的，所以当大量企业和人才桎梏其中，竞争再激烈也不过是无谓的内耗，除了很难给行业带来更长远的发展外，还会让企业和人才陷入无休止的内部消耗，失去进步的空间。

"内卷"不仅存在于企业经营、发展的过程中，在人们的日常生活中，"内卷"的身影同样无处不在。比如，大多数人会按照自己认同的方式规划未来，殊不知因为自己的思维模式受到公众认知的影响，所以选择的也是大众认可的方向。

总而言之，"内卷"是盲目的竞争，是无谓的内耗。它把人的思维囚禁在惯性的牢笼中，将企业的发展局限在既定的轨道上，阻碍了社会的进步。

无论是个人，还是企业，想找到更高效的发展路径，必须要打破"内卷"对自身思维的限制。酣客能够成为国内为数不多打破"内卷"的企业之一，出色的产品品质和业务能力当然只是基础，更重要的是我们找准了定位。我们既是酱酒行业的传承者，也是彻头彻尾的"搅局者"，无论是用互联网的思维来重做白酒企业，还是用社群方式来经营传统公司，其实都是为了打破"内卷",走出一条前人未探寻的新道路。

在这条"反内卷"的道路上取得了一些成绩之后,我们非常愿意分享自己成功的经验。

本书一共4章。第1章主要阐述"内卷"的前世今生,以及在社会生活中的一些具体表现。第2章直指"内卷"的本质,阐述发生"内卷"的各种原因:欲望过度、追求务虚、同质化、同思化、同哲化,格局浅薄化、使命伪化。第3章是本书的重点,主要提出了"反内卷"的六大方法——使命真切化、价值前凸、全系统差异化、底层重构、外部思维引领以及手段新鲜化,其中结合了酣客多年发展的经验和教训,也穿插了很多其他行业、企业"反内卷"的先进做法。第4章点明了"反内卷"的要义:从小我到大我,从竞争到博弈。

"内卷"是一种渗透在各个行业里的"无声的悲哀",也是我们不得不面对的现实,但越是如此,我们越是要鼓起勇气,努力走出困境。

引子

整个 2020 年，人们都被焦虑包围着，随着"内卷"这个词的出现，这种焦虑的边界更是被无限放大。

到底"内卷"是如何成为一个网络热词的，又给我们的生活和工作带来了哪些负面影响呢？"内卷"的火爆最初源于网上的几张图片。

2020 年下半年，清华大学学堂路上，有一个学生边骑车边看电脑。这一幕被人拍照后在网络上疯传，"清华卷王"就此诞生。大家本不焦虑，一旦有人开始拼命学习，剩下的人如果不努力便无法抚慰心中的焦虑了。下面我就从大家都比较关心的公考和职场竞争两个角度进行阐述，让大家更清晰地看到"内卷"的真实模样。

先来说公考中的"内卷"。

公考的录取率有多低大家知道吗？还不足 2%，这就意味着 100 个人里能够考上公务员的还不到 2 个人，而且有的热门岗位要"千里挑一"甚至"几千里挑一"。曾有一位网友感叹道:每个考场30个人,我报的岗位录取率是1100∶1,整栋楼一共有37个考场。这意味着,我今天步入了一个目标是打败整栋楼的战场。这个比喻形象又不夸张,这就是公考"内卷"摆在所有人眼前的事实。

我们再来聊聊职场竞争中的"内卷"。

"让你加班的不是你的老板,而是其他愿意加班的人。"这是经济学家薛兆丰的一句名言,虽然残酷却无比真实。过度竞争、相互倾轧的"大戏"每天都在职场中重复上演,每个身在其中的人都或主动或被动地被推上这个"舞台",逃不可逃,避无可避。

就这样,"内卷"变成了一种典型的现代病,我们面临的已经是一个"万物皆可内卷"的时代。不仅在被疫情阴霾笼罩的2020年,在此后的许多年,它都将与我们同在。

目录

前言

引子

|第1章| 从"内卷"到"反内卷",社会需要"吹哨人"

1.1 很多时候,我们就是跑盘上的那只"小白鼠"   2
  1.1.1 婚恋中的"内卷"   2
  1.1.2 宁可累死自己,也要饿死同行   6

1.2 "内卷"的老底,就是低水平的复杂化   13
  1.2.1 爪哇岛上的"内卷"   14
  1.2.2 华北平原上的"内卷"   16
  1.2.3 "内卷"就是一种无效竞争   17

第 2 章 揪出"内卷"本质,"反内卷"才能有的放矢

2.1 "内卷"是一种伪感觉,它来自欲望过度、追求务虚 20
2.1.1 孩子上名校和成功、成才并不能完全画等号 22
2.1.2 企业藏着做大做强的野心,喊着"以客户为中心"的口号 25
2.1.3 降维打击的大尺度竞争现状 29
2.1.4 目光短浅的小尺度生存狭隘思想 32

2.2 同质化、同思化、同哲化 37
2.2.1 同质化竞争的持续内耗 38
2.2.2 同思化才是同质化的根本原因 41
2.2.3 突破不了认知,永远都在跟风 45

2.3 格局浅薄化、使命伪化 48
2.3.1 伪化效应无处不在 49
2.3.2 思想利益与现实利益完全扭曲 51

2.4 为什么人们会深陷"内卷"困境 55
2.4.1 为囚徒困境所困 55
2.4.2 无法突破最高层次的需求 56
2.4.3 源于人的"劣根性" 59
2.4.4 "反内卷"的浪潮即将袭来 61

第 3 章 六浪叠加"反内卷",用价值观重构价值

- 3.1 使命真切化:从心底解决"内卷" 64
  - 3.1.1 很多痛苦和不顺,来自使命扭曲下的"内卷" 64
  - 3.1.2 正视自己内心的追求,定位自己真正的使命 67
  - 3.1.3 坚持践行正确的使命 69
  - 3.1.4 即便没有外部动力,使命的践行仍要继续 71
- 3.2 价值前凸:真正的创新要超越行业,超乎想象 73
  - 3.2.1 无颠覆,不创新 74
  - 3.2.2 打破传统,需要有"冒天下之大不韪"的勇气 77
  - 3.2.3 价值前凸,看到人类与市场的未及之处 79
  - 3.2.4 创新者引领时代,但也不能走得太快 82
- 3.3 全系统差异化:自域扩张是一门必修课 85
  - 3.3.1 谁说企业总部只能有一个 86
  - 3.3.2 产品周边可以打出另一片天 89
  - 3.3.3 战略研究真抓实干 93
  - 3.3.4 互联网中心+影视基地,助力企业打造全系统差异化 95

3.4 底层重构：结构性的颠覆和再造 98
    3.4.1 组织架构设计逻辑的重构 101
    3.4.2 人才体系构建思维的重构 103
    3.4.3 规模扩张逻辑的重构 106
    3.4.4 技术研发逻辑的重构 109
    3.4.5 业态构建逻辑的重构 112

3.5 外部思维引领：打破执念，冲破"内卷" 118
    3.5.1 因为执着，所以思维内化 120
    3.5.2 外部思维，打破执念 123
    3.5.3 换位思考，生活更美好 127
    3.5.4 内部思维并非一无是处 129

3.6 手段新鲜化：新时代要用新思维获得新红利 130
    3.6.1 产品设计新鲜化：不要小看任何一颗草莓 131
    3.6.2 营销手段新鲜化：真正的改变是颠覆 136
    3.6.3 运营模式新鲜化：找到突破点才能真无敌 140

|第4章| "反内卷"要义：从小我到大我，从竞争到博弈

4.1 竞争只会"内卷"，博弈才能双赢 145
    4.1.1 目光短浅，以自我为中心是"内卷"的认知根源 146

  4.1.2 理性博弈，合作共赢   149

4.2 从小我到大我："夹缝"中求生存，成就"一家独大"   150

  4.2.1 市场下沉，以平价策略出圈   151

  4.2.2 区域差异，"农村包围城市"   152

  4.2.3 从"百城万店"到创业平台   153

4.3 从竞争到博弈：闷声发大财   155

  4.3.1 主攻小镇青年，做到"十元以下无对手"   156

  4.3.2 多年前既定的直营+加盟，反而造就了品牌的崛起   158

第 1 章 | CHAPTER

从"内卷"到"反内卷",社会需要"吹哨人"

每到年末,《牛津词典》都会选出一个年度热词。2020 年比较特殊,热词太多,最终《牛津词典》前所未有地选出了十个词,包括山林野火(bushfires)、2019 年新型冠状病毒病(Covid-19)、在家工作(WFH)、封城(lockdown)等。

如果让我来选 2020 年度热词,我会选"内卷"(involution)。我们早已被"内卷"或主动或被动地裹挟其中,却浑然不觉,且让这本书来做一个"吹哨人"吧。

1.1 很多时候，我们就是跑盘上的那只"小白鼠"

"卷"这个字很形象，不知道大家看到这个字，会不会想到实验室里在跑盘上不停奔跑的小白鼠？难道它们不知道累吗？当然不是。当体力即将耗尽时它们也想停下来，但是只要跑盘上还有一个小伙伴在奔跑，那么转盘就不会停下来，所有的小白鼠都只能继续奔跑。很多时候，我们和跑盘上的小白鼠非常相似。

1.1.1 婚恋中的"内卷"

很多人都说，中国的父母是全世界最操心的父母，他们在孩子小的时候整天为了孩子的学业、成绩而奔忙和焦虑，等到孩子长大了，大学毕业参加工作了，又开始操心孩子的婚姻大事。"别只顾着工作，赶紧给我找个儿媳妇啊！""你也老大不小了，差不多就行了，要不然小心嫁不出去。""少年夫妻老来伴，不能因为一点小事就吵着要离婚！"相信很多未婚、已婚的年轻人对这些"关怀"都不陌生，在这些细碎的唠叨里，隐藏的都是父母的焦虑。

可是很多父母不知道的是，孩子找不到对象不一定是他们不想找，孩子想离婚并不是意气用事，这里面的原因很复杂，而比较明显的一点就与我们说的"内卷"息息相关。

1. 恋爱中的"内卷"

其实除了少数"不婚族"，绝大多数年轻人对恋爱和婚姻都是充满憧憬和期盼的，有谁不向往甜蜜和幸福的恋爱和婚姻呢？

可是不得不说一句实话，对象并不像想象中的那么好找。这其中，与婚恋市场的"内卷"不无关系。

2020年互联网上出现了很多新词，"985相亲局"就是其中很扎眼的一个。什么是"985相亲局"？从字面上就很好理解：985院校毕业的学生们组的一个相亲的局。深入了解一下就不难发现，这类"相亲局"表面上是在看学历，实际上看的还是个人条件：有没有一线城市的户口，有没有车，有没有房，等等。这些条件都符合之后才会考虑脾气是否相投，性格能否磨合。

对于这种现象，社会上存在不同的观点和看法，有人认为这种相亲方式更直接、更高效；也有人对此很不屑，甚至讽刺说这种功利化的价值观正在"杀死年轻人的爱情"；也有人认为，这就是"内卷"在婚恋市场上最直接的体现，折射出的是现代年轻人对婚恋问题的焦虑。我非常同意最后一种观点，这一现象只是婚恋市场"内卷"的一个缩影。

通俗地说，婚恋市场的"内卷"指的就是单身男女争抢有限的优质异性资源。奈何"僧多粥少"，这就导致婚恋市场上出现了普遍焦虑、供需失衡的情况。民政局的相关数据显示，2020年我国单身男女的人数已经超过2.4亿，可想而知身在其中的人是何等的"压力山大"。数据还显示，从性别构成来看，在20～25岁这个年龄段，男性比女性多出4000万。也就是说，每5个适龄男性当中就有一个讨不到老婆。

我曾看过一份调查报告，里面详细描述了当今婚恋市场"内卷"对单身男女婚恋观的影响，在这里跟大家分享一下。

调研显示，婚恋市场中最抢手的优质资源分别是漂亮女生和高收入男生。从这一点上就可以看出，男人找对象更在乎长相，女人则更看重经济基础，其实这都无可厚非。不过，正是这两个要求才导致婚恋市场"内卷"越来越严重。

为什么这么说？因为把漂亮的女生和高收入的男生放到单身这个大群体当中，他们只是其中极少数的存在。美女数量有限，有钱的男士数量更有限，可是大多数人又都不愿意降低自己的标准，也就难怪单身人口那么多了。

那么，在婚恋市场"内卷"的情况下，这些单身男女为了早日脱单都做了些什么呢？调研报告显示，注册婚恋社交软件、参加相亲活动是他们选择最多的交友途径。调查对象中超过八成的人注册过婚恋社交软件，超过四成的人参加过各类相亲活动。

尽管单身青年们都努力在"脱单"了，也有不少人觉得自己定的择偶要求会在遇到真爱时打折扣，每年都在持续上涨的单身群体人数却告诉我们：虽然已经足够努力，但不一定能找到一个相亲对象。

2. 彩礼中的"内卷"

即使脱单成功，也只是"万里长征刚走完了第一步"，接下来要面对的事情还有很多，其中最让男人头疼的问题就是彩礼了。男人结婚的成本越来越高，已经成为"内卷"大潮中比较常见的现象了，现在的男人有时候要付出"天价"的彩礼才有可能结婚。一说到这，相信很多因为彩礼而伤过脑筋的人都会感触颇深。

其实在结婚的时候,男方给予女方彩礼这件事本身没有问题,这是很多地方的传统习俗。但是,现实社会中,动辄十几万、几十万甚至上百万的彩礼却让很多人面临婚姻大事时望而却步。相信大家在网上经常会看到"彩礼没谈拢,婚事告吹""没有X万X,新娘子不下婚车""因彩礼问题,双方父母大打出手"等类似的新闻。

原本从恋爱到婚姻是一件让人感到幸福的人生大事,很多时候却因彩礼的问题而蒙上了一层阴影,甚至让婚礼变成了一场"闹剧"。导致这些现象发生的原因有很多。

首先,很多女人开始用彩礼衡量自己的身价以及对方对自己的爱。彩礼越高,代表自己的身价越高,男人也更爱自己。而实际上,爱情本身跟彩礼没有关系,很多时候你要的"爱"可能会让男人狼狈不堪。经济条件好的男人面对这种情况,虽然会答应你的条件,但在他心里,你们的"爱情"多少已经变了味儿;对于经济条件不好的男人来说,可能会为了凑够彩礼而债台高筑。其次,严重的攀比心理也是让彩礼不断攀升的一个重要原因。闺蜜结婚要了10万彩礼,我就得要20万;同事结婚要了20万彩礼,我就得要30万……

原本两个人感情很好,三观合,性格也合,即将步入婚姻殿堂,结果被"天价彩礼"拦在了婚姻大门之外,这是一件多么让人唏嘘和悲哀的事情。如果真的是因为某些原因找不到对象也就罢了,好不容易找到了情投意合的人,最终却被这样拆散了,还有比这更痛的"痛点"吗?现代社会,不断飞涨的彩礼让婚恋市场"内卷"越来越严重。

1.1.2 宁可累死自己，也要饿死同行

商场就是战场，无所不用其极，这两句话是商业竞争的真实写照。这种企业间的竞争实际上也是"内卷"的一种真切的体现。商业层面的"内卷"主要体现在内、外两个方面，我从外向内来说一下这个事儿。

1. 从企业外部来看"内卷"

企业外部"内卷"的体现是非常直观的，主要指企业之间的竞争，方式主要有以下三种。

第一种：烧钱。

如今提起"小农女"，很多人都没有印象了，在 2014 年、2015 年，南方一些大城市中，"小农女"这个生鲜电商品牌非常火爆。刚开始，"小农女"主要为城市白领和小区居民提供配送净菜服务，后来发现市场商机，很快从 2C 转向了 2B，把服务对象从个人用户变为餐馆，做起了城市生鲜电商供应链服务。

依赖腾讯基因的打造，加上微信生态圈的哺育，"小农女"很快成长起来。到了 2015 年，鼎盛时期员工已经超过了 400 人，其中有四分之一是软件开发人员，在南方商业领域小有名气。

然而好景不长，就在"小农女"爆发式增长的 2015 年，一个强大的对手——"美菜网"——横空出世。创建之初，"美菜网"就拿到了大笔投资，这个领域内的"烧钱大战"一触即发。

虽然竞争比较激烈，但是先一步入场的"小农女"凭借精准的定位、优质的服务以及不错的口碑经受住了"美菜网"的"轰炸"。直到2016年，"美菜网"拿到了几笔大额融资，"烧钱大战"愈演愈烈。很快"小农女"就被挤压到了崩溃边缘，最惨的时候，现金流只够支撑一个月，最后被迫转型。

庆幸的是，转型后的"小农女"发展得不错，成立了观麦科技，在另一个领域打出了一片天地。但这不是我要说的重点，我在这里要强调的是"烧钱"这件事儿。互联网领域的创业企业大多数都曾走过"烧钱"这条路，从早期的"千团大战"到后来的共享单车大战，再到社区团购混战，都离不开"烧钱"这个竞争手段。

为什么要"烧钱"？无外乎两个原因：一方面是为了教育市场，扩大市场基数，共享单车的"烧钱"就属于这一种；另一方面就是要把竞争对手"烧死"，竞争对手死了，市场自然就都是自己的了，上面提到的"小农女"和"美菜网"的竞争就属于这一种。

第二种：价格战。

其实从某种层面上来说，价格战也是"烧钱"的一种，但是不同于互联网领域直接往市场里砸钱，而是以低于成本价的销售方法去抢占市场。这其中最典型的案例就是当年的彩电大战。

国内的价格战是从彩电行业开始的，彩电行业的价格战是由四川长虹发起的。从1989年到2004年，长虹先后发起了四次

"价格血战"。当时，长虹甚至公开向媒体说："软的怕硬的，硬的怕横的，横的怕不要命的。"

价格战发起之后，各大彩电企业纷纷效仿，你降300元，我就敢降500元，你降800元，我就敢降1000元，你降1500元，我就敢低于成本价跟你血拼到底……这种情况之下，很多中小彩电企业根本经不起折腾，要么债台高筑，要么倒闭破产，即使是跟长虹在一个级别的企业，日子也不好过。

那么在这个价格战的过程中，最大的受益者是谁呢？无疑是消费者。可是这种受益只是短期的，从长远的角度来看，如果商家无法获得合理的利润，整个行业的进步就会停滞。当行业没有更新能力，消费者自然也就很难得到更好的产品了。

最终，价格战的硝烟会散去，那么剩下的那些没有被拖垮的企业就成为最后的赢家了吗？很遗憾，并不是。虽然长虹借助"价格血战"奠定了国内彩电行业"龙头老大"的地位，但同样也是因为"价格血战"，长虹最终不仅自己被裹挟其中无法自拔，而且几乎把整个彩电行业都带入了"覆灭之路"。

首先，连续的降价让销量下降，大家都在等更便宜的价格，所以大规模的滞销来了；其次，经过一轮又一轮的价格战，消费者已经给彩电贴上了"便宜"的标签，这个标签一旦贴上就很难再撕掉了。因为消费者不会考虑商家的成本问题，他们在乎的只是价格。因此，价格战的结果就是整个传统彩电行业陷入低迷，从此一蹶不振。这一切都是"内卷"造成的。为什么这么说？因为彩电厂商把主要的时间和精力都放在了打价格战上，所以在技术创新和产品研发上面投入的精力就相对少了很多，产品无法迭代，现有产品只能比谁更便宜。如果能够在技术或者产品本身领先于同行，根本就不需要打价格战。

举个简单的例子，iPhone 的迭代速度相信大家都有目共睹，平均一年至少迭代一次，有时候频率会更高。每当新机型推出后，老机型就会降价，而且降价幅度一般都很大。这时候，消费者就可以通过产品迭代获得更多的实惠，比如 iPhone 12 出来了，那么 iPhone 11 必然会降价，消费者就可以去买降价后的 iPhone 11。因为 iPhone 的迭代速度快，所以即便 iPhone 11 是旧款，但是在功能及款式上也丝毫不落伍。因此，像苹果这样的企业就不会因为"内卷"而陷入发展困境。

反观彩电行业，现在这个行业处于第一梯队的大多数是跨界来的"外行"，其中有原本做投影仪的，有原本做液晶显示器的，传统的老品牌已经所剩无几。

其实关于价格战，曾经有一个很正面的案例。

跟彩电行业一样，国内的空调行业也曾陷入一场价格混战，当时大多数一二三线空调品牌都在降价，掀起了一股销售热潮。在这股降价大潮中，有一个品牌却特立独行，坚持不降价，它就是格力。当时董明珠规定：格力空调一分钱也不能降。

最后的结果大家都看到了，正是源于坚持不降价的策略，才逐渐树立了格力空调在行业内高端、优质的形象，进而为实现其市场霸主地位奠定了基础。而格力之所以不降价，底气来自对技术和产品的信心,因此才免于步入跟彩电行业一样的"内卷"陷阱。

2. 从企业内部来看"内卷"

企业内部的"内卷"主要体现在企业发展过程中暴露出来的一些问题上。

第一种:内耗。

当企业发展到一定阶段,总是不可避免地会出现一些"大公司病"。我在这里说的"大公司病",并不是只有大企业才会出现,很多中小企业也很难避免。而这种"大公司病"带来的后果就是产生内耗,产生内耗的真正原因就是企业内部出现了"内卷"。

比如,很多企业存在"部门墙",出了问题后各个部门开始互相推诿,拖到最后小问题很可能就会演变成大问题;有的企业只关注员工短期的业绩,不注意员工能力的发展,管理者和员工之间的关系是典型的"绩效导向"——你给我赚更多的钱,我就给你发更多的钱,你不给我赚钱,对不起,你可以走人了;有些企业"马屁文化"盛行,员工对管理层歌功颂德,管理层对老板歌功颂德,虽然看起来上下一片祥和,但是企业管理的很多方面已经出了问题;对于有些企业,所谓的企业核心价值观只是挂在墙上的一句口号,关键时刻拿出来喊几遍,实际工作却与此一点也挂不上钩……

当这些因"内卷"而出现的内耗现象纷纷涌现,企业的发展就会严重受阻，走上慢车道，甚至会停滞不前。上面我提到的这些"内卷"的情况还不是最严重的，起码经过整改是可以得到缓解和根治的。有时候，企业内部的"内卷"会引进激烈的内斗，在这种情况下，很有可能会产生无法挽回的严重后果。

在一家公司里，工程部和设计部整天钩心斗角，不是互相甩锅，就是在老板面前互告黑状。比如，设计部明明知道工程部员工的技术水平一般，还经常故意把图纸的关键地方标得很模糊，导致工程项目出现质量事故。设计部不仅不承认自己的问题，还借机攻击工程部。工程部的员工心怀不满，同样也会在技术部的图纸出现纰漏时故意不指出来，仍然按图施工，最后出现事故，他们便可以攻击设计部的图纸有问题。就这样，两个部门不断互相伤害，结果导致公司状况频出，发展陷入困境。

跟企业外部的竞争一样，有时候企业的内斗也会无所不用其极。"内卷"只会让企业产生越来越大的内耗，外部环境本就恶劣，如果这时候还只顾着内斗，那么对线下的传统企业来说，很可能会遭受灭顶之灾。

第二种：掩耳盗铃。

很多企业在发展的过程中，在产品的质量或营销方式上或多或少会出现一些问题。如果这时候这些问题被别人指出来，企业要如何应对呢？正常来说，企业应该反求诸己，找出问题所在，积极解决问题，进而挽回企业和品牌的形象。如果只是一味地想要从源头把危机掩盖掉，这无异于掩耳盗铃，不仅不利于化解危机，还有可能让企业遭受更大的损失。

第三种：用高速发展掩盖一切问题。

有这样一句话被很多企业奉为经典：企业的发展是靠一个又一个胜仗堆积出来的。如果你一直在打胜仗，就会出现以下情况：1）市场和投资人对你很有信心；2）竞争对手会怕你；3）内部员工会觉得企业有希望。这就是打胜仗对企业的意义。打胜仗当然是好事，但是如果在这个过程中过于激进地发展，就会让企业在出现问题的时候不能理性对待，不是逃避就是掩盖，这样做就很有可能造成非常严重甚至无法挽回的结果。

2021年2月初，瑞幸咖啡申请了破产保护，此时距离瑞幸咖啡自曝财务造假过去了十个月。从2017年10月创建，到2019年5月上市，瑞幸咖啡的发展一路高歌猛进，势不可挡。到2019年年底，瑞幸咖啡门店数量已经超过4500家，一举成为国内最大的咖啡连锁品牌。

然而，瑞幸咖啡"要在2025年之前在全球开10 000家门店"的豪言壮志刚刚立下，丑闻就爆发了。接下来，股价大跌、退市、内斗、挖角、破产重整，曾经的辉煌都化为了尘埃。

为什么瑞幸咖啡财务造假的问题在很长一段时间内没有被发现？正是因为它用高歌猛进式的发展掩盖了内部的所有问题。

瑞幸咖啡是一家靠资本运作发展起来的公司，对于资本市场和投资人来说，他们更看重企业的财务报表，你的团队出了什么问题，你的财务有什么状况，这些都不是他们真正关心的，只要你能把财务报表做得很好看就可以了。但是，财务报表只是冷冰冰的数据，根本无法直观看出企业存在的问题，这也给造假作弊留下了空子。

其实，瑞幸咖啡暴露出来的问题就是典型的"内卷"。企业会"内卷"的很重要的一个原因就是把解决问题的着眼点放在了现象上，所谓头痛医头，脚痛医脚，却从来不考虑出现问题的深层次原因，也不从根源去解决问题。如果是财务方面出了问题，企业应该做的是通过完善经营制度、进行产品创新迭代来解决问题，而不是用造假来掩盖问题。

其实很多企业在发展的过程中都遭遇过跟瑞幸咖啡一样的困局：企业的管理或组织已经无法追上业务发展的脚步。如果企业打胜仗的脚步开始放缓，或者停下来，之前隐藏的雷就会一个一个爆出来。这时候企业要做的应该是修炼内功，从内部实打实地解决问题。

1.2 "内卷"的老底，就是低水平的复杂化

"内卷"虽然是 2020 年才逐渐被大家关注的词，但它在很早以前就已经出现了。关于"内卷"的定义，学术界一直未有定论。那么"内卷"的定义是什么呢？

百度百科是这样说的：

内卷，是指人类社会在一个发展阶段达到某种确定形式后，停滞不前或无法转化为另一种高级模式的现象。

这在我眼中就是一句"正确而无用的'废话'"，它可以把某个事物描述得很准确，看完之后却让人很难理解它想表达的意

思。其实在我看来,"内卷"总结起来就是外利有限,狭窄竞争。

我这个人做什么事儿都喜欢刨根问底,学术点的说法就是喜欢追本溯源。既然"内卷"这个词或者这种现象早已有之,那我们就来扒一扒它的老底儿。

1.2.1　爪哇岛上的"内卷"

在印度尼西亚有一个小岛,名叫爪哇岛,离我们非常遥远。

我们现在来做一个假设,假如你是爪哇岛上的一个农民,为了生存,你开垦了一亩三分地种水稻。因为土地条件很好,所以每年收成都不错,养活自己完全没问题。农闲的时候,你还可以眺望一下远处茂密的热带雨林和美丽的塞梅鲁火山,顺便畅想一下岛外的大千世界。

解决了生存问题的你组建了家庭,孩子多了,劳动力多了,但吃饭的人也多了,原来的那一亩三分地产的粮食渐渐不够吃了。于是你开始琢磨怎么能在有限的土地里种出新花样,却从来没想过花点心思换一种生产方式,比如种一些经济作物去换钱,然后买粮食。

最早把"内卷"这一概念引入社会学领域的是美国人类学家格尔茨,他在1963年出版的《农业的内卷化:印度尼西亚生态变迁的过程》一书中,详细描述了爪哇岛居民"农业内卷"的现状。

虽然格尔茨是第一个在社会学领域提出"内卷"概念的人,但是第一个提出"内卷"现象的并不是他,而是美国人类学家戈登威泽。戈登威泽从艺术的角度提出"内卷"的时候举了两个典型的例子,一个是新西兰毛利人的装饰图纹(如图 1-1 所示),另外一个是欧洲曾流行的建筑风格——哥特式建筑(如图 1-2 所示)。

图 1-1　毛利人装饰图纹

图 1-2　哥特式建筑代表作——米兰大教堂

毛利人装饰图纹都是手工绘制，花纹繁复，层次细微。手工绘制能够达到这样的水平，可知花了很多工夫。但是仔细观察就会发现，这种装饰图纹虽然精细，但十分单调。哥特式建筑也是如此，虽然外观看起来雄伟壮观且精雕细刻，总是能给人以震撼，但仔细观察同样会发现，这种建筑形式无非就是简单、重复地运用几种固定模式。

从创新的角度来看，无论是毛利人的装饰图纹还是哥特式建筑都没有什么新奇之处，这就是非常典型的"内卷"，即向内演化得越来越精细、越来越复杂，却基本上是简单重复几个固定模式，严重缺乏创造力和想象力。在戈登威泽看来，**内卷其实就是一种低水平的复杂化**。

格尔茨发现爪哇岛的情况与戈登威泽提出的艺术领域的"内卷"十分相似：人口不断增加，耕地面积没变，人们只能更加精细地耕种，无法转化为更高级的模式，边际效应也始终无法上升，长期停留在一种重复轮回的状态。于是，格尔茨提出了"农业内卷"这一概念。

1.2.2 华北平原上的"内卷"

外国人很早就开始研究"内卷"，中国人自然不甘落后。第一个把"内卷"这个词带到中文语境的是一位研究社会历史的海归学者，他叫黄宗智。

在黄宗智的描述下，我们再来做一个假设。你不再是印尼爪哇岛上的那个农民了，你已经穿越到了中国华北平原或长江下游平原，当然还是一个农民。这时候，摆在你面前的有两条路：第一条路，成立一个"家庭农场"，坚持自给自足的"小农经济"模式，这时候你的生产成本很低，跟你一起干活的都是你的家人，没有什么劳动力成本。不过，这样虽然产量稳定，但是很难再有所增长。第二条路，你发现种地太辛苦了，产量也有限，于是想去做点小买卖。因为"小农经济"已经在你的思想里扎了根，所以你做的生意多半还是服务于"小农经济"的。

虽然看起来跟之前在爪哇岛的时候已经有了很大变化，选择也比之前多了，但是最终的走向并没有太大偏差，依然没有脱离"农业内卷"的"魔咒"，即投入更多劳力，也无法提高边际效益。

这就是黄宗智在《华北的小农经济与社会变迁》以及《长江三角洲小农家庭与乡村发展》这两本书中描述的关于"农业内卷"的状况。

其实黄宗智这一系列的研究所要表达的是，近代中国与西方之所以走上了不同的发展道路，在很大程度上是因为传统的小农经济思想在中国人的脑子里已经根深蒂固，而这种小农经济的思想在本质上就是一种"内卷"——单个劳动力的产出出现了边际生产率递减，内耗已经产生。由于这种思想的禁锢，加上没有资本和能力，很多人根本没有机会通过资本密集型产业获取更大的收益。

1.2.3 "内卷"就是一种无效竞争

从上面的论述中我们可以看到，"内卷"的竞争就是一种狭窄领域内的无效竞争。

虽然各大电商平台之间竞争惨烈,但消费者的需求不会因为他们的"血战"而增长,家里本来已经有一台电视机了,总不会因为电商平台电视机价格大战再买一台吧。

虽然白酒企业也在通过各种方式进行竞争,但老百姓对酒的需求也不会因此而增长,原本一天只能喝二两,总不会因为白酒企业的竞争把二两变成二斤吧。

这些激烈的竞争都是无意义的竞争,因为市场并没有因此变大,需求也并没有因此增加,而且到最后很可能谁也没占到便宜,所有参与竞争的人都会感到精疲力竭。

这就好比,在电影院里,原本大家都坐在自己的座位上看电影,无论坐在哪一排都能看得很清楚。这时候,前排的观众突然站了起来,而后排的观众为了能看清屏幕只好也站起来,到最后可能整个电影院里的人都从坐着看电影变成站着看了。

电影还是那个电影,并没有因为大家站起来看而变得更好看,但所有人都觉得非常累,可是又不得不站起来,因为身处在这样的环境中,你只能被大家推着走。

不然,你就会出局。

| 第 2 章 | CHAPTER

揪出"内卷"本质,"反内卷"才能有的放矢

正如前文交代的那样,"内卷"并不是现在才有的,而是已经存在了很长一段时间,只不过原来没有受到大众的关注。那么,为什么在 21 世纪第二个十年刚刚过去的当下,这个"古老"的概念忽然焕发了"青春",开始一步一步走进大众的视野了呢?研究一个事物的发生和发展,必须探寻这一事物的本质。只不过找到"内卷"的本质并不是终点,我们最终要做的是有的放矢地战胜它,让"反内卷"获得成功。

那么"内卷"都有哪些潜藏的本质呢?

2.1 "内卷"是一种伪感觉,它来自欲望过度、追求务虚

可以毫不夸张地说,"内卷"其实是一种伪感觉,这也是本书要论证的一件事。之所以说"内卷"是一种伪感觉,是因为它来自人们的过度焦虑。

中国精神卫生调查结果显示,2020年,我国约有六分之一的人正在遭受各种精神和心理问题的困扰:抑郁、焦虑、孤独、多动、精神分裂……国家卫健委的统计结果显示,我国焦虑障碍患病率已经达到5%,也就是说,每20个人中就有一个焦虑障碍患者,这是一个触目惊心的比例。

我所说的焦虑是指一种情绪,它还没发展到焦虑障碍的程度。不过从这个层面上来说,受焦虑情绪影响的人数要远远高于患焦虑症的人数。

尤其对于生活在大城市的现代人来说,大多数人都存在焦虑的情况:家长会为了孩子的成绩而焦虑,上班族会为了升职加薪而焦虑,公务员会为了竞聘而焦虑,老板会为了更好地发展公司、从竞争对手中脱颖而出而焦虑,还有更多人在因为房贷、车贷、养老而焦虑。

焦虑有一个特点叫"未来倾向",也就是说人们常常担心未来有一些不好的事情发生,因此焦虑的来源大多是担心事情悬而未定。比如孩子的升学、自己的前途、企业的发展等,偶尔产生焦虑是大多数人都会遇到的一种情况,它并不是一个完全的负面情绪。在很多时候,适度、短暂的焦虑可以让人保持紧迫感,刺

激人们迅速行动。而凡事都有一个限度，如果焦虑过度，就很有可能对生活和工作带来负面的影响。

适度的焦虑多半来自对事情悬而未定的担心，而过度的焦虑则大多是受过度的欲望驱使。

比如，很多年轻人大学刚毕业，就想找一份钱多活少的工作，当然，人人都有权利去追求自己想要的工作和生活。为了达到这个目标，正确的做法应该是努力奋斗，提升个人价值，然而有一些年轻人却不是这样做的。他们上对老板和领导溜须拍马，下对同事进行踩踏，硬生生把现代职场竞争变成了一场宫斗剧，结果让自己和公司都陷入了"内卷"的旋涡。

无论对待生活还是对待工作，我们都应该先去做，再求回报，如果你连做都没做，就想要高回报，就有些不切实际了。内心浮躁、欲望过度是造成这种心理的本质原因。

欲望过度之下，会衍生出许多务虚的追求，进而产生"内卷"：有一些家长目的不纯，想要孩子光宗耀祖、飞黄腾达，因此加重孩子学习的负担，一心想让孩子考上名校。当然，更多的家长监督孩子学习，是希望孩子能有一个幸福的未来，不用再承受自己曾经受过的苦，他们的出发点没有错，只是用错了方法。企业想要做大做强，不关注产品的质量、客户的需求以及技术的创新和进步，而是成天想着把竞争对手"搞死"，认为这样的恶性竞争才是自己的出路。这样看待成功，无疑是价值跑偏了。要知道，如果没有脚踏实地的努力，所有的追求都只是空中楼阁和沙滩上的城堡。

2.1.1 孩子上名校和成功、成才并不能完全画等号

有一些家长认为，孩子考上名校就意味着成功、成才，就等于为人生插上了一双翅膀。这二者有必然的联系吗？这是一个社会性问题，也是值得所有家长关注的问题。

在探讨这个问题之前，我们先来看一下，为什么中国家长的名校情结这么深。其实，跟外向、奔放的西方人相比，中国人是内向和矜持的，能够让这样的中国人投入如此高的热情，必然有着充分的理由，名校情结也是如此。

在我看来，孩子考上名校并不等同于成功、成才。有些人看到这里可能会觉得我接下来要对名校进行一些批判，但你们想错了，名校之所以被称为名校必然是有原因的。

1. 名校拥有更优质的教育资源

即使在全世界范围内，优质的教育资源都是稀缺的，而它们大多集中在名校当中。比如说，很多诺贝尔奖获得者、科学界或艺术界的领军人物、思想界的泰斗都有可能会在名校的课堂上执教。

2. 名校聚集了一批最优秀的同类人

俗话说：近朱者赤，近墨者黑。一个人的水平大约是与他交往最多的五个人的平均水平，对于大学生而言，这五个人基本都是朝夕相处的同学或导师。因此，你选择的不仅是一所学校，更是一个具有同频率的圈子，这个圈子很可能在一定程度上会影响甚至决定你一生的走向。

名校之所以被称为名校绝非浪得虚名，只不过一些家长过于神化名校的作用了。教育是一件非常私人化的事情，名校虽好，却不一定适合所有人。而且名校也不是想上就能上的，名校的招生门槛相当高。其实从这个角度来说，这也是造成家长们陷入"内卷"的一个重要原因。

其实，让孩子从小学习一些特长，广泛涉猎各种知识，可以开阔孩子的眼界，对孩子的成长来说是有一定益处的。只不过，当这些原本对孩子成长有帮助的事情被过分渲染、过分解读和实施，甚至到了极端的程度之后，就变了味。当然，相信在国家教育管理部门的整改之下，这种"乱象"一定会有所改善，这也是我们大家共同期待的。

我们接着说家长们陷入"内卷"这个话题。在家长的监督之下，为了拿到名校的录取通知书，很多孩子不得不放弃内心的很多渴望和梦想，很多孩子严重睡眠不足，他们没有自由自在、无忧无虑的暑假，他们有的只是压力和紧张。

尽管付出如此多的努力，也并不代表就能进入梦寐以求的名校。如今，世界顶尖名校的录取率基本在10%以下，国内顶级学府每年的招生人数也非常有限，绝大多数孩子的名校梦最终都会以失败告终。

即使考入了名校就真的能够成功、成才吗？这取决于家长和学生是如何看待成功这件事情的。如果追求的只是考上名校这件事本身，追求的只是名校的光环，那么拿到录取通知书就代表成功了。如果还要想名校光环之外充实、幸福的人生，那么就必须承认，考上名校只是人生一个好的开始，之后的人生到底会怎样还是未知数。

对于成功的理解因人而异，不同的人会有不同的答案，这是一个比较复杂的问题。为了讲清楚这件事，我们用一个比较世俗，同时大多数人也会接受的标准来衡量，那就是是否能够获得一份体面的工作和一份可观的收入。

不可否认，很多顶尖高校热门专业的毕业生大多不愁未来的出路，在他们还没正式毕业的时候，就有很多高科技企业把他们收入麾下，比如华为、BAT等大企业每年都会进行校招。

即使出身名校，在面临就业的时候他们也跟普通本科毕业的学生一样，会忧心工作的问题。名校毕业的硕士在找工作的时候同样要面临激烈的竞争，甚至找不到合适工作的大有人在。世界上最大的薪酬统计网站 PayScale 的一份调查报告显示，哈佛、斯坦福、加州理工、麻省理工等顶尖高校的毕业生薪酬水平在众多学校中排在前列。但如果仔细研究这份调查报告会发现，这些顶尖名校毕业生的平均年薪比普通大学生也就多几千美元而已。也有人指出，名校的毕业生收入高过普通大学毕业生，从根本上来说是因为他们本身就足够优秀，否则也考不上名校，而并不能完全归功于他们出身于名校。从这个层面上来看，如果以未来的收入作为衡量标准，上名校并不一定会让你变得更成功。

其实，即使没有调查报告或统计数据，仔细了解和观察一下身边的人和现象就不难发现，有很多上了名校的人，工作和收入情况并不理想，而只上了普通大学甚至没有上过大学但事业成功的却大有人在。顶级高校的硕士的上司,很可能只是普通高校的本科生,这种情况在职场中也很常见。

那么为什么会出现这种情况呢?其中很重要的一个原因就是,有一些上名校的人发生了"内卷"。在他们看来,上名校就等于成功,于是便把大部分精力都放在了学业上,目标是拿到最后的文凭。而一些普通大学的学生并不会把考上大学当成唯一的目标,也不认为考上大学就是成功,他们在完成学业之余,还会寻找机会更早地接触社会,从而掌握更多在学校学不到的知识和技能。当他们步入职场之后,这些知识和技能带来的价值使他们有更多的机会得到企业的认可。

诚然,能够考上名校这本身是一件好事,从某种程度上来说,上名校是未来取得成功的一个预兆,甚至可以促进未来取得成功。但是上名校并不是通往成功的独木桥,也不是成功的绝对保证。

综上,上名校和成功、成才并不能画等号。如果有这种想法,只能说有一些家长的人生观太过狭窄,想象力太贫乏了。他们会把这种狭窄的人生观灌输给孩子,导致孩子继续迷失在这种狭窄的人生观中。

2.1.2 企业藏着做大做强的野心,喊着"以客户为中心"的口号

在很多企业家的心中都有一个终极梦想,那就是把自己的企业做大做强,甚至做上市,这一点在新生代创业者身上表现得尤为明显。有这个目标是好的,毕竟有目标才会有前进的方向。可

遗憾的是，真正能够做大做强的企业只是极少数，绝大多数创业者都变成了这条路上的炮灰。

创业失败的原因有很多，可能是产品的问题，可能是管理的问题，也可能是经营模式的问题。在我看来还有一个原因，那就是创业者的思想过于狭隘，追求务虚。怎样理解这句话呢？举个简单的例子，"为消费者服务，以客户为中心"，这应该是所有企业家和创业者深谙的道理，同时也是企业的追求，但是很多人只是把这句话当成了口号来喊，从来没有真正落到实处。

这就是典型的追求务虚，而这样做的结果很可能是让企业陷入巨大的内耗当中，明明投入了时间和精力，却很难达到预期的效果。如果只是空喊口号，不务实，不付出，想把企业做大做强无异于痴人说梦。

在意大利都灵大学的校门口有两尊黑色雕塑，左边是一只飞鹰，右边是一匹奔马。它们是都灵大学的标志，几百年来，一直默默矗立在那里迎接着一批又一批新生的到来，送走一批又一批的学生毕业。

很多不明真相的人以为，这只飞鹰代表的是鹏程万里，这匹奔马代表的是马到成功，但真实并非如此。都灵大学的校史中是这样记载的：这是一只被饿死的鹰。原来，这只鹰志向远大，想要飞遍全世界。为了实现这个伟大的理想，它制定了详细的飞行计划，苦练各种飞行本领，可是却忘记了学习觅食的方法。就这样，当它已经具备了飞遍全世界的能力之后便踏上了征程，可是只飞了5天，这个伟大的行动就搁浅了，因为不会觅食，这只鹰活活把自己饿死了。

再来看那匹马，其实它也并不是千里马，而是一只被剥了皮的马。这匹马的第一个主人是个磨坊主，马嫌主人每天让它干的活太多，自己太累，于是乞求上帝给它换一个主人。这样，上帝给它找了第二个主人——一个马夫。可是待了没几天，马又嫌马夫家的饲料不好，于是又乞求上帝给它换主人。上帝又给它找了第三个主人——一个皮匠。皮匠家的活儿不多，吃的饲料也不错。马很高兴，觉得自己终于找到了一个好主人。可是没过几天，马的好日子就到了头，皮匠把它杀了，剥皮制成了皮制品。

都灵大学的创始人把这两尊雕塑放在大门口，就是要提醒学生们，千万不要像那只被饿死的鹰一样志向远大却不切实际，整日梦想着飞遍全世界，却从没想过学会劳动和谋生的本领；也不要像那匹被剥了皮的马一样这山望着那山高，只知道贪图享乐，不愿意付出辛苦和努力，要知道，脚踏实地才是在社会上立足的根本。

很多创业者就像这个故事中的鹰和马一样，志向虽然远大，但没有真才实干，也不懂得脚踏实地和付出。"以客户为中心"就是所有创业者都必须具备的真才实干，把这句话落到实处，企业做大做强就是一个水到渠成的结果。

1987年华为刚刚成立的时候，只是一个交换机销售代理的小公司，六位合伙人加在一起才凑了两万块钱。但是三十几年后，华为已经连续多年蝉联中国民营企业五百强榜单中的第一名。

华为成长得如此迅速，获得这样好的成绩，依靠的正是"以客户为中心"的核心价值观。任正非曾说：华为命中注定是为客户存在的，除了客户，华为没有任何存在的理由。在华为，"以客户为中心"绝不是一句口号，而是已经融入了华为人的血液中。

2010年，一位负责欧洲业务的副总裁回国向任正非做汇报。当时华为在欧洲的业务做得很好，这位副总裁的报告也做得非常精美。结果，会议上画风突变，那位副总裁不仅没有等到肯定和表扬，反而被任正非狠狠骂了一顿："你们要脑袋对着客户，屁股对着领导。不要为了迎合领导，像疯子一样，从上到下地忙着做胶片……不要以为领导喜欢你就升官了，这样下去我们的战斗力是会削弱的。"

在接下来召开的一次会议上，任正非进一步指出："在华为，坚决提拔那些眼睛盯着客户，屁股对着老板的员工；坚决淘汰那些眼睛盯着老板，屁股对着客户的干部。前者是公司价值的创造者，后者是牟取个人私利的奴才。各级干部要有境界，下属屁股对着你，自己可能不舒服，但必须善待他们。"

"脑袋对着客户，屁股对着领导"，是"以客户为中心"最直接的体现。华为明文规定严禁讨好上司，就连机场接送领导也是被禁止的。对此任正非曾说："客户才是你的衣食父母，你应该把时间和精力放在客户身上，在华为只有客户才能享有专车接送的待遇！"每一次出差或度假，任正非都不会通知当地分公司的负责人。下了飞机，没有迎来送往，更没有前呼后拥，他会自己拖着行李去坐出租车，直奔酒店或会议地点。

在国内互联网技术刚刚起步的时候，大多数人都对这种新的业态持怀疑态度，阿里巴巴却清晰地认识到了互联网经济未来的广阔前景，奋不顾身地投身其中。在时代红利的赋能下，阿里巴巴早早就成了消费者心中在线电商平台的代表，奠定了它如今国内互联网行业领头羊的地位。

随着互联网技术、大数据技术的发展和应用，以及各种专业市场分析机构的出现，现在企业在各种工具和外部力量的帮助下，可以对市场进行相对准确的分析和预判。换言之，过去市场的真理掌握在少数人手中，而现在大家都获得了了解真理的能力。

既然现在很多企业都可以对市场进行准确的洞察，是不是意味着这些企业都可以成为各自行业中的佼佼者呢？答案很显然是否定的。

我相信很多经营者在日常工作中已经感受到了一些端倪，当市场上出现某个消费热点的时候，很多企业会蜂拥而至，即便这个行业内已经拥挤不堪，依然还是有很多人想要挤进来分一杯羹。于是行业的竞争会变得更加激烈，这时候对于能力并不突出的企业来说，即便能够发现热点，也很难在竞争中取胜。

2.1.3 降维打击的大尺度竞争现状

对市场热点的精准洞察可以为企业的发展指明方向，但关键的问题是，发现这个方向的人不止你一个。当所有人都向着这个热点发力的时候，你要面对的不仅是行业内部的竞争，还有其他跨界而来的优秀企业的压力。

纵观国内市场的发展脉络，其实不难发现，行业之间的壁垒正在慢慢消融，尤其是在面对一些不可逆的市场趋势的时候。比如，互联网经济蓬勃发展的时候，所有人都在讲业务互联网化、办公数字化；移动互联网时代到来，所有人又将目光从PC端转移到了移动端。

在过去，我们常说"隔行如隔山"，不同的行业有不同的规则，因此企业之间的竞争往往也局限在同行业之内。如今，网络打破了行业之间的壁垒，"隔行取利"甚至已经成为很多企业的秘密武器。在这种环境下，企业不得不面对行业之内和行业之外所有的竞争对手，而这种范围日益扩大的竞争行为，我将其命名为"大尺度竞争"。

2020年在疫情的影响下，社区团购发展得如火如荼。互联网巨头纷纷发现了其中的商机，相继在这一领域加大投入。互联网巨头入局，炒热了社区团购这一话题，资本市场也开始跃跃欲试。

如此一来，原本市场上的社区团购品牌，除了要应对业内新兴品牌的疯狂追赶，还要面对众多互联网巨头的"围追堵截"。

就这样，卖菜这件事几乎在一夜之间成为互联网行业继购物、打车、外卖之后的又一个风口。在我看来，这种做法无异在对生鲜社区团购这一行业进行"降维打击"，是一种典型的大尺度竞争。各大媒体都纷纷对此发表了看法，其中人民日报的一则新闻更是一针见血地对此进行了深刻的解读。

"国家领导人反复强调,要把原始创新能力提升摆在更加突出的位置,努力实现更多'从0到1'的突破。掌握着海量数据、先进算法的互联网巨头,理应在科技创新上有更多担当、有更多追求、有更多作为。别只惦记着几捆白菜、几斤水果的流量,科技创新的星辰大海、未来的无限可能性,其实更令人心潮澎湃。"(来源:2020年12月11日微信公众号"人民日报评论"。)

网民们对此也表达了自己的见解,有人就曾这样调侃:"在一些外国企业巨头一步步把未来世界的幻想变为现实的时候,国内的互联网巨头们却在忙着抢社区小贩的饭碗。"

这种"大尺度竞争"最终将会带来什么结果呢?关于社区团购行业的竞争,一切都是刚刚开始,未来会如何尚不可知。但是,在过去的商业发展历程中,很多曾经的热门行业,阶段性的发展结果已然清晰可见。

以共享单车行业的发展为例。在共享单车刚刚兴起的时候,因为背后巨大的市场当量和国家的大力支持,很快就成为热门行业。除了大量以共享单车为主营业务的创业公司,还有很多大企业通过并购、投资等方式也进入共享经济领域。我们熟知的几个共享单车品牌,背后都有互联网公司的支持。然而现在,除了起步较晚的青桔和其他几家公司,最早出现的共享单车品牌都退出了市场。

诚然,共享单车行业发展得不景气,最主要的原因是这个行业本身就存在盈利模式不清晰的问题。除此之外,大量企业集中入局,极大地激化了竞争强度,起到了推波助澜的作用。

在激烈的竞争下，为了获取更多的用户，原本就需要通过营销活动吸引用户的企业，必须付出更大的代价，提供更多的优惠，才能在众多同类型产品当中脱颖而出，赢得用户的关注。原本就不明朗的盈利前景，在不断增加的成本投入之下，变得更加黯淡。

在愈发激烈的竞争中，没有谁成为最后的赢家，行业市场总量也没有因为竞争而产生明显增长。从这个角度来说，"大尺度竞争"实际上是一种没有意义的"内卷"。

那么，为什么企业会陷入"大尺度竞争"的"内卷"当中呢？我们之前提到了，互联网和大数据技术的发展，为企业掌握不同行业的市场动态，以及不同领域的经营规则奠定了基础。但这些技术层面的因素，充其量只是为"大尺度竞争"的出现提供了条件。真正导致"大尺度竞争"的根源，我觉得还要归结于经营者自身的思维模式。

2.1.4 目光短浅的小尺度生存狭隘思想

在国内市场上，中小企业是市场的主流，而中小企业的经营者，绝大多数是技术或者销售出身。因为没有接受过专业的企业经营、管理教育，所以很多经营者在思考问题的时候，更习惯从自身出发，而不是全盘考虑，整体衡量。

虽然在网络和大数据工具的帮助下，企业可以分析行业发展的走向，但狭隘的思维模式，同样也会束缚经营者的认知，导致他们只能看到别人都能看到的，始终不能更进一步，看到更远的未来。经营者普遍存在的这种狭隘思维,我称其为"小尺度生存",即只能关注到自己身边小范围的事情,无法将目光放得更长远。

说到这里,我想到了之前看到的一个故事。有个小伙子,家里祖祖辈辈都是菜农。小伙子子承父业,也做了一个菜农,每天挑水去菜地浇菜。日复一日,年复一年,他已经习惯了这种生活。

有一天,挑水走到半路他有点累,就坐到一棵大树下歇脚。这时候,他抬头看到了不远处村里一个大财主家的大房子。他十分羡慕,心里突然有了一个梦想:如果有一天我能像大财主一样有钱,我一定要用金子打一条扁担来挑水。

很多人都看过这个故事,这就是典型的思维固化、认知狭窄。虽然有了财富和金子,但是挑水种地的思维没有改变,因为他已经习惯了这种思维模式和生活。

在家庭教育中,有很多家长遵循的都是"一切以分数来说话"的原则。在这些家长看来,只要孩子成绩好,分数高,将来就一定能考上好学校,变得有出息。一旦孩子的分数不理想,或者没有达到他们的预期,他们就会指责、抱怨,甚至觉得孩子的未来没有希望。

这也是一种思维固化、目光短浅的表现。思维狭隘体现在对生活方式的固守上,中国式家长的思维狭隘体现在"唯分数论"上,那么回归到企业经营的场景中,经营者目光狭隘,主要体现在哪里呢?

我认为，大多数经营者的思维狭隘体现在对热点的认知上。说到这里，我觉得有必要先明确一个概念——排队效应。所谓"排队效应"，在我们生活当中很常见，尤其是一些老年人，他们常常对人群扎堆的地方感到好奇，即便不知道卖的是什么产品，往往也愿意跟着其他人排队去看看。

这其实也是实体门店常用的一种揽客手段。简单来说，其实就是利用了人们的从众心理，让人们对高客流量的门店产生兴趣。在企业经营者对热点的认知上，同样受到这种"从众效应"的影响。

除了通过自身洞察市场，分析行业发展趋势，很多企业经营者在判断某个行业或者某个产品能否成为热点的时候，还会把进入这个行业或者开发这个产品的企业数量作为重要的参照。换句话说，赛道越拥挤，越能吸引企业进入。

举个例子，在智能手机全面取代功能手机成为主流手机的时候，国内很多老牌手机厂商开始转型，比如中兴、HTC等。同时市场上也出现了一批以智能手机设计、开发、生产、销售为主要业务的优秀创业公司，比如小米、vivo等。

虽然产品研发水平不同，早期的智能手机品牌并没有全部实现盈利，但这个行业背后巨大的市场当量和发展前景，也已经充分展示出来了。于是，很多其他行业的企业也向这个行业延展。其中不乏一些传统行业的佼佼者，比如占据国内通信行业头把交椅的华为、PC设备出货量全国第一的联想、在家电制造行业名列前茅的海尔和格力等，都先后研发并推出了自己的智能手机产品。

其实在其他行业的企业入局之前，智能手机行业内部的竞争已经足够激烈了，而这些"外来物种"的入侵，显然又加剧了内部生态的不平衡。在原来环境当中生存时间更长的"原住民"自然更了解这个行业，也更了解用户的需求，传统制造业的顶尖公司，虽然有强大的开发与设计能力，但对市场不了解是他们最大的弱点。

经过市场的筛选，这些后续进场的企业当中，除了华为凭借自主研发的芯片和优秀的产品品质成功立足市场，其他的像联想、海尔、格力制造的智能手机，并没有掀起太大的浪花。

其实，不了解市场只是众多跨界手机厂商失败的表面原因，更深层的原因是他们陷入了"内卷"的旋涡。跨界本身没有问题，但是作为其他行业的领军者，进入智能手机行业之后应该把先进的技术转化过来，对智能手机再进行一次革命，从而推动这个行业的发展。然而他们没有这样做，因此他们的产品得不到市场和消费者的认可也不足为奇。而华为之所以成为这个行业中的佼佼者，正是因为没有陷入"内卷"，华为研发出了自己的芯片，推动了中国智能手机行业的发展。

同样的事情也发生在另一个热门行业，那就是新能源汽车领域。随着世界石油储量持续下降，以及人们环保意识的提升，传统燃油动力汽车的弊端开始显现，以清洁能源——电能为主要动力的新能源汽车成为行业发展的方向。甚至在国际社会上，已经有一些国家提出了在不久的将来用新能源汽车全面取代燃油汽车的发展目标。

虽然因为大量传统车企转型,导致新能源汽车制造这个行业已经拥挤不堪,但还是有很多企业想要挤进来分一杯羹。比如百度就在2020年宣布开始自研新能源汽车。

市场的潮流确实诱人,但贸然进入一个并不熟悉的领域,除了将自己推向"内卷"的旋涡以外,并没有太多积极的作用。为什么那么多"外行人"进军智能手机行业,但成功的只有华为呢?表面上看,华为也是一股脑扎进了当时的热点行业,而实际上华为的目光放得很长远,它不仅关注到了热点,还看到了智能手机行业未来竞争的核心之一——芯片。这是很多一开始就经营智能手机产品的公司都不具备的长远目光,也正因如此,华为才能以"搅局者"的身份,后来居上成为国内手机行业的龙头老大。

对于企业的发展来说,经营者的思想高度代表企业未来成长的天花板,如果经营者的目光不够长远,不能打破"小尺度生存"狭隘思维的限制,那么企业必然也更加容易陷入"大尺度竞争"的"内卷"当中。

那么到底是什么原因导致经营者出现了"小尺度生存"的狭隘思维呢?我觉得其中最重要的一点就是,当前商业社会的高速变化给经营者带来很多焦虑。

美国著名的管理学家伊查克·爱迪思曾经提出过一个"企业生命周期理论",大致意思是说企业的发展和个人的成长一样,都要经过孕育期、婴儿期、学步期、青春期、壮年期、稳定期、贵族期、官僚化早期、官僚期、死亡这十个不同的阶段。爱迪思认为企业的发展，以稳定期为分界线，前半部分是成长，而后半部分是衰退。

换言之，对于企业来说，稳定的发展不但不是好消息，反而是不幸。因为稳定往往意味着增长的停滞，而一旦业务失去活力，企业的发展也会逐渐走向下坡路。这其实就是现阶段很多大企业主要的发展困境，原有的业务走到了终点，然而还没有找到合适的创新业务，面对这种事关未来生死存亡的问题，企业经营者自然会陷入焦虑。

为了缓解焦虑，同时也为了能够尝试更多的新业务，企业会通过持续试错来寻找合适的第二曲线，就不可避免地要从一些热门行业下手。大企业之所以能够这样做，很大程度上也是因为自身的实力足够强大，即便行业内部已经十分拥挤，但企业也有信心挤占一定的市场份额。

2.2 同质化、同思化、同哲化

2020 年，受新冠疫情的影响，越来越多的消费者选择通过在线购物、即时配送的方式获取生活必需品。也正是在这个阶段，很多社区团购品牌开始崛起，大量线下卖场也纷纷转型线上。

虽然出现了很多不同品牌的应用和平台，但在使用的过程中，很多人都觉得不同的应用和不同的平台看起来非常相似。

其实，这只是新商业时代企业之间同质化竞争的一个缩影。

我觉得现在国内所有行业都存在同质化竞争的现象。所谓"同质化竞争",很多人认为是不同企业生产的产品质量相近,而实际上,"同质化"强调的不仅仅是产品的品质,还有产品的外观、风格的极度相似。

那么,同质化是如何产生的呢?首先大家的经营思想都差不多,即同思化,然后又有雷同的价值观和方法论,即同哲化,同哲化中的"哲"指的就是经营哲学,即价值观和方法论。"三个同化"直接导致的结果就是社会的多元化严重不足,创新因此受限。

2.2.1 同质化竞争的持续内耗

除了一些相对特殊的行业,比如国家专营的关系到国计民生的能源产业、门槛比较高的尖端科技创新产业,大多数领域都存在同质化竞争的现象,而且同质化竞争的表现形式已经变得越来越多样化,有的甚至已经脱离了产品本身,上升到产品配套服务的领域。

过去我们在购买家用电器类产品的时候,除了产品的品质、价格和口碑之外,还会考虑产品的售后维修问题。在当时,很多家电品牌的售后服务还不完善,甚至有的品牌根本就不提供售后服务。当产品出现故障需要维修的时候,只能自己想办法将产品运送到维修点。我相信,这应该是很多和我同龄的 70 后人群的普遍记忆。而现在,绝大多数家电品牌都会提供完善的配套服务。

之前我在网上购买了一台电热水器,下单后很快就接到了店铺的电话，询问我安装的位置是否有电源接口和地漏出口、小区的额定电压是否达到了规定标准、线路是否裸露、管道是否安装完毕等问题。在我一一做出了回复之后，客服人员确认了我家的环境符合安装标准，告诉我会尽快发货。

很快电热水器通过快递送到了我家，签收之后不到十分钟，品牌方的客服再一次通过电话联系我，跟我确认是否已经收到了产品，在我给出了肯定的答案之后，客服又详细地告知了预约安装的渠道和方法。

根据客服提供的预约电话，我和当地的品牌专营店取得了联系，门店的安装服务人员详细地记录了我的地址和联系方式，并告知除了产品自带的配件之外，我还需要准备两个新的阀门。接下来，我和门店的服务人员确认安装时间是在第二天的上午十点。

到了第二天，上门提供安装服务的工作人员准时到达了我家，在进门之前还换上了自带的鞋套，尽管我一再表示完全不用这么在意。整个安装过程只用了不到二十分钟，安装完服务人员还进行了产品的使用测试，确认所有功能都可以正常运转之后，又告诉了我很多在实际使用过程中应该注意的地方，还留下了售后维修服务人员的联系电话和当地品牌直营店的地址。临走之前，还仔细地收拾了安装留下的垃圾。

这种周到且贴心、贯穿整个销售过程的服务，对于一个曾经需要自己想办法将家电送到维修点的人来说，简直是受宠若惊。现在所有家用电器行业排名靠前的企业，都可以提供相同水平的高质量服务。

说到这里，很多人可能会觉得这种同质化其实是一种好事，事实却并非如此。首先，从企业的角度来说，过去只需要提供标准的服务就可以让消费者满意，可随着配套服务同质化越来越严重，想要在众多同类型企业当中脱颖而出，只能不断提升自己的服务能力和水平，用高于标准的服务去打动用户。可是，为了提供更好的服务，企业需要投入更多的成本，从而降低了利润。从整个行业的角度来说，虽然在理论上，优质的服务在一定程度上可以提升产品的平均价格，但激烈的同质化竞争又从某种程度上抵消了这种价格的增幅。

家电行业把着眼点放在了提升服务质量上面，这就是一种典型的"内卷"行为。那么应该把着眼点放在哪儿呢？自然是技术创新和产品迭代上。良好的售后服务只是一个基准，家电行业却把这种基准当成了评判一家企业的标准。"内卷"导致这些企业混淆了发展方向，把基准当成了标准。

其次，如果从获取优质服务的角度来说，消费者的确从中获得了一些服务的红利。但是从本质上来说，由于企业把主要精力都投入到了提升服务上，在科技创新和产品迭代方面自然会有所欠缺，而对于消费者来说，享受不到科技带来的红利是一种更大的损失，而且这种损失无法通过获取服务红利弥补。

另外，在享受不到科技进步的红利的同时，消费者还要陷入人际交往的负担当中。安装人员上门服务，消费者作为享受服务的人自然要进行适当的接待，端茶倒水、迎来送往是必不可少的。

2.2.2 同思化才是同质化的根本原因

现在的消费者更青睐独特、与众不同的产品，那为什么还会出现"同质化竞争"的现象呢？

现在市面上比较流行的一种说法是，这是因为"抄袭"和"模仿"的成本远比自主创新要低得多。而且，被模仿的产品所打下的市场基础，也可以被模仿者盗用，相对于自主创新的风险更低。

不过，"抄袭"和"模仿"也有天然的弊端。珠玉在前的基础上，即便企业可以完美地复制，也很难打破原有产品与消费者的连接。换句话说，模仿而来的产品虽然有盈利的可能，但空间极小，很难占据较高的市场份额。

2015 年，某餐饮品牌的第一家酸菜鱼门店在广州正式开业。明明只是一道简单、家常的酸菜鱼，却因奇葩店规爆红网络：店内只有一种鱼、一种味道、一种辣度，而且鱼的数量有限，卖完即止，一行超过 4 人就餐就不接待了。也正是因为这种奇葩的店规，让这个品牌获得了众多消费者的青睐，口碑迅速崛起。

在这个品牌爆红之后，市面上陆续出现了"复刻版"店铺，不仅名字相似，而且店规也相差无几。可是，大浪淘沙之下，跟风仿冒者死伤无数，只有最初的那个品牌业绩保持着稳步的增长。

不必教育市场，不用为产品宣传投入太多，甚至连品牌 logo 都不用再费心设计，通过模仿就能享受红利，这样巨大的诱惑之下，模仿者岂能不趋之若鹜？但是这种不会主动思考、不自觉去重复他人行为、不顾及客观事实的思想，都只是照搬现学，只形似却不神似。

南宋文学家姜夔所作的《白石道人诗说》一文中有这样一段话："一家之语，自有一家之风味。如乐之二十四调，各有韵声，乃是归宿处。模仿者语虽似之，韵亦无矣。"意思是说，每个学派都有各自的特点，就像音乐当中的二十四个音符，各有不同的韵味，人们虽然可以模仿其他人的语言，但很难复制言语当中的韵味。

近代教育家陶行知在《我们对于新学制草案应持之态度》一文中，也提出了一个观点："建筑最忌抄袭；拿别人的图案来造房屋，断难满意。"

模仿而来的同质化产品的弊端，在这两句名家之言中，体现得淋漓尽致。

在现实当中，很多企业推出的产品虽然没有先后次序之分，不存在"模仿"和"借鉴"的行为，但产品之间依然有着极高的相似度。

比如化妆品的命名。你家有小黑瓶，我家有小红瓶，他家有小紫瓶，另外一家有小棕瓶。虽然品牌不同、产品的外观也毫不相干，但从产品的昵称上来说，很容易让消费者将它们联系在一起。

再比如产品的外包装。椰子水作为一种近年来受年轻消费者欢迎的饮品，市场上已经出现了很多不同的品牌。可是从包装的角度来看，很难分辨它们的区别：大多是以白色作为底色，配上椰子水的英文标识，然后再绘制一个汁水荡漾的绿色椰子。

为什么化妆品企业推出的产品名称如此相似？为什么企业设计的饮品包装都具备同样的元素？原因其实很简单，就是行业内部经营者思考问题的方式有很强的相似性。

以餐饮企业为例，我们都知道产品的标准化是现在中式餐饮企业向更高维度发展的难题。而火锅和烤肉这两个品类不同，因为它们主要是以原料的形式输出，由消费者自己去涮、烤，所以比较容易实现标准化。实际上，大多数餐饮企业的经营者都是这么想的，也都是这么做的。正是因为这种相似的思维模式，才导致了现在餐饮市场上，各种火锅品牌和各种烤肉品牌之间的同质化竞争。

同样的道理，不同品牌的化妆品设计师都觉得用"小 X 瓶"这种简单直接的方式可以赢得消费者的关注，不同品牌椰子水的包装设计师都觉得那种清爽简洁的设计方案更符合当下消费人群的审美。因此，才会出现产品名称和产品包装的同质化。

其实不只是在同一个行业之内，有时在不同的行业，由于经营思维的相似性，也会创造出具备同质化特性的产品。

比如，有这样两家公司，一家是房屋中介公司，另一家是家具公司，虽然属于不同行业，但因为二者都与房子有关，所以设计师在设计品牌 logo 的时候，可能会把这种和经营息息相关的元素放进去，于是我们就会发现，这两个不同行业的品牌，乍一看 logo 相似度非常高。

说到这里，我们不妨回过头来分析一下企业"抄袭"或者"模仿"其他成功品牌的行为，看看这背后究竟是什么底层逻辑在驱动。

对于企业经营者来说，只有在认可了某个品牌的经营模式的前提下，才会进行"模仿"甚至是"复刻"。说得通俗一些，就是认为其他经营者的想法是正确的，才会去模仿他们的经营模式。因此，无论是刻意的模仿，还是无意的雷同，从根源上讲，都是思维模式相似。

其实，如果我们对思维模式相似的企业进行系统分析，会发现在思维模式背后，经营者的人生观、企业的价值观也有一定的相似性。

举个例子，短视频平台现在已经成为人们日常生活中娱乐消遣、社交沟通的重要渠道，而国内市场上，用户数最多的两家短视频平台就是D平台和K平台。虽然从应用外观、名称以及页面设计等外在因素上看，二者的相似度并不高，但其实在核心的内容推荐逻辑上它们具有很强的相似性，都是更偏向于流量的公平分配，同时对于一些相对优质的内容给予更高的推荐权重。

为什么两个不同的平台，会形成相似的普惠式内容推荐逻辑呢？这个问题的答案，需要追溯到两个平台的价值观。

K平台其中一个创始人曾经说过："K平台的存在，就是希望可以连接社会上被忽略的大多数，我们不是为明星存在的，也不是为大V存在的，而是为最普通的用户存在的。我们最根本的逻辑是，不只是明星和大 V 的生活需要被记录，每个人的生活都值得被记录。"

K 平台的另一个创始人也曾表示："在我们眼里，注意力作为一种资源和能量，我更希望它像阳光一样洒到更多人身上，而不希望它像聚光灯一样只聚焦在少数人身上。"

D 平台的总裁在 2019 年 8 月 24 日首届创作者大会上发表的演讲中说："在 2017 年年底，我们快速增长，从一个小众、潮流人群的产品，变成了普通人记录生活的平台。我们发现，很多人在平台上记录下了他们开心、朴实的生活瞬间。"

虽然表达的方式不同，但实际上两个平台的经营者都表达了同一种价值观，那就是只有普惠的，才是美好的。也正是在这种相似价值观的指导下，两个平台才走上了同质化发展的路径。不过，企业的价值观在很大程度上也来自经营者个人的人生观，因此人的意识依然是导致同质化竞争这种"内卷"发生的根本原因。

2.2.3　突破不了认知，永远都在跟风

虽然现在很多企业深陷同质化竞争的"内卷"旋涡当中，但内卷最恐怖的地方在于即便你身处其中，深受其害，也未必能够发觉自己的处境，甚至还会继续乐在其中，浑然不知危险已经悄悄靠近。人的一生永远都在为自己的认知买单，那么因同质化竞争引起的"内卷"究竟有哪些危害呢？接下来，我们重点探讨这个问题。

无论是"抄袭""模仿",还是因为价值观、思维模式相似而导致的产品雷同,从市场的角度来说,这些都是缺乏创新的表现。对于新商业时代的企业而言,我们现在面对的消费者,既空前挑剔又追求个性,如果缺乏创新或者不具备多元化的特征,这样的产品便很难获得市场和消费者的认可。

诺基亚就是典型的因缺乏创新思维而失败的案例。在诺基亚最辉煌的年代,它摔不烂的机身以及经典的贪吃蛇游戏给很多消费者留下了深刻的印象。如果在苹果和三星进入市场之后,诺基亚能够及时进行创新,还是有机会占有一定市场份额的,但是它固执地坚持塞班系统和物理按键。后来的结局大家都知道了:2014年,诺基亚完成了和微软手机业务的交易,把自己的设备、服务、业务都卖给了微软,正式宣布退出手机市场。

无独有偶,曾经风光一时的民族品牌H果汁正式宣布退市。这家成立于1992年的食品公司,曾经有过许多高光时刻,比如,连续18年蝉联"农业产业化国家重点龙头企业";2007年,在香港联交所主板成功上市等。H果汁是很多人儿时的回忆,现在却一去不复返。

很多人将这家公司的失败归结于陈旧的家族式管理模式,也有人认为是创始人本身就没有负起对品牌的责任,两次"卖身"未果后,失去了继续发展的动力。在我看来,缺乏创新的产品也是这家曾经的行业龙头老大走向末路的重要的原因。

俗话说,冰冻三尺,非一日之寒,H果汁的失败也不是在短时间内由于某一个原因导致的,而是很多不利因素逐渐积累,天长日久最终压垮了企业。我们来设想一下，如果该品牌坚持创新，通过保持产品的新鲜感来赢得更多消费者的青睐，或许结局就不会是这样了。

其实现在很多行业的现状都是缺乏创新，究其原因，要么是缺乏技术，要么是缺乏资金投入，要么压根就不想创新，明知道"模仿"和"抄袭"没有前途，仍然前赴后继。这一点在整个白酒行业更加突出。

有很多小酒厂，看到酣客产品的独特性和销售效果之后，纷纷模仿我们。据不完全统计，现在市场上至少有500家酒厂在模仿我们的产品设计。

无论出于何种原因，市场上同质化竞争越来越激烈已经成为不可逆的事实。当大家的思考方式一样、价值观也一样的时候，自然会走上同一条道路，创新也在这样的限制下无法得以实现，而这也是"内卷"产生的又一个重要原因——同哲化。

其实，对于这些小酒厂来说，它们看到酣客包装箱成功获得市场认可后，首先想到和要做的，不应该是跟风和模仿，而应该是从中受到启发，对自己的产品包装进行创新，只有这样才能避免陷入"内卷"的旋涡而无法自拔。

当进入同一个领域的人越来越多，企业自身不能实现多元化发展的时候，就意味着企业能够得到的利益会越来越少，这显然不是企业想要的效果。

从社会的角度来看，创新受限，企业都集中在原有的领域拼命对抗，内部虚耗的同时，也很难推动新事物的出现。没有新事物去激发消费者潜在的多样化需求，社会的发展也会停留在原有的水平，很难找到进步的方向。

总而言之，因同质化、同思化、同哲化而导致的"内卷"是限制企业和社会向更高层次发展的强大阻碍，如果不能改变经营者们从众的思维模式和价值观定位，企业会陷在"内卷"的旋涡中不能自拔，最终因为自身发展停滞而失败退场。

2.3 格局浅薄化、使命伪化

孩提时代，很多人都把自己局限于一方小小的天地之中。长大以后，他们又把自己的孩子困在各种培训班里。很多人都曾肯定自己，认为自己是独一无二的，可最终让他们"泯然众人"的还是他们自己。

当一些肩负着或崇高或伟大的使命的人在被现实生活洗礼之后，格局大多会变得越来越浅薄。在理想与现实产生冲突时，很多人只好选择向现实妥协。

晚清时期，光绪皇帝听取康有为、谭嗣同等人的建议开始变法改革，倡导学习西方，吸纳他们先进的科学文化，改革旧的政治、教育制度，主张摒弃八股文等旧文化。刚开始，慈禧太后对这一改革举措是赞成的，而当她意识到戊戌变法已经触及她在清政府的实权以及保守派的利益时，就开始由支持变成了出手镇压。光绪帝和维新党派在面对封建王朝的极力阻碍时并没有坚持自己的主张，最终选择了妥协。

思想层面的狭窄和浅薄，在很大程度上会对一个人的人生轨迹产生巨大影响。那么，这种格局上的浅薄化是如何形成的呢？

2.3.1 伪化效应无处不在

不管是拼多多砍价，还是团购平台里的拼团，很多人都在微信里收到过好友发来的请求帮助砍价或拼团的链接。在收到这种链接时，大多数人虽然会助力或参与一下，但是多半在心理上会有一些抗拒。而有一群人却是例外，她们不仅对于参加砍价或拼团这样的事情乐此不疲，而且在拼购中还玩出了许多新花样。

2020年10月，"上海伪名媛事件"爆红网络。

事件始于一个微信群。在这个群公告上，写着大家可以对奢侈品进行交流分享，也可以一起约着去喝下午茶，还有机会结识社交平台上面拥有百万粉丝的博主，更有机会结交金融巨子，跨进另一个精英圈子。

表面上看这也没什么，深入了解之后就会发现这个群公告只是一个伪装，其中隐含的真相是每个人只需要花费85元，就可以享受一顿上海顶级酒店的下午茶，前提是这个下午茶只能拍照不能吃。除了下午茶，3000元一晚的酒店也只需要花上200元就能住进去，还可以穿着浴袍在落地窗前拍一张岁月静好的夜景。对于她们来说，吃不吃、睡不睡并不重要，重要的是拼团地点的定位和社交平台上的名媛人设。

明明只是一群普通的女孩子，通过多人拼单，然后拍照在小红书、微信朋友圈等社交平台上发布，硬生生为自己打造了一个生活在名媛阶层的人设。

姑娘们假装自己在精致的"上流社会"生活，以为时间一久，就真的和普通人有了云泥之别。实际上，她们中很多人在日常生活中都是能省就省的普通老百姓。理想和现实之间、正在做的和想做的之间，往往隔着一道鸿沟。

其实这就是典型的由使命伪化导致的"内卷"思维，对理想无限关注、保持渴望，这没有错，她们错在了把时间和精力都消耗在"造假"上。有拼单假装名媛的时间和精力，不如努力奋斗，提升自己。在生活中，这种伪化的使命几乎无处不在。

现在，有一些年轻人的活法很有个性，看上去充满矛盾。比如，他们熬夜玩手机，再为了祛黑眼圈涂昂贵的护肤品；他们在喝冰啤酒的时候，会往酒杯里放几粒枸杞安慰自己；在寒冬腊月穿着超薄打底裤和短裙，又受不了天寒地冻而在打底裤里贴暖宝宝。

很多人一边"理直气壮"地伤身体，一边疯狂养生自我安慰，造成的结果只能是恶性循环。

而这种恶性循环的产生，正是因为伪化效应的存在。这种伪化，让很多人处于迷失状态，日常生活里除了离谱、不切实际之外，还充满了各种矛盾。

那么，为什么会出现这种矛盾？

2.3.2 思想利益与现实利益完全扭曲

中国家庭教育一直存在着一个"怪圈":一方面,父母都心疼孩子,不希望孩子太累,希望他们能够快乐成长,不愿意让孩子被各种兴趣班、课外班剥夺原本快乐的童年;另一方面,如果班里的某个孩子因为上兴趣班或课外班成了"神童",那么就会形成一个以"神童"为中心、呈圆形向外扩散的圈子,在这个圈子里,每个家长内心的焦虑都会随着竞争的愈加激烈而逐渐放大。

在杭州某个高档的小区里,几乎看不见有孩子们玩耍的身影,住在这里的孩子们的课外时间都被各种课外班占满了。小区内的家长会定期组织"小区奥数赛",众筹经费设置奖品;这些家长还定期带领孩子进行"夜跑活动",有的家长还为此定制了印有"古有孟母三迁,今有为儿夜跑"字样的夜跑专用瓶装水。除此之外,小区家长们还会经常组织英语打卡等线下主题活动。

通过这些活动以及陆续建立起来的数个"孟母群",整个小区开始抱团育儿,本来互不相识的家长为了孩子凑在一起组成了"家庭教育共同体"。

更加让人咂舌的是,在这种打鸡血式的学习压力下,有的孩子还会在刚结束一门兴趣班之后,便主动催促父母继续报其他的兴趣班。

曾有网友在了解这件事情之后调侃道:"父母们不是坐在孩子身边鼓励他热血学习,就是透过窗户看孩子上兴趣班;而孩子们不是在上培训课,就是在辗转去上培训课的路上。"

为人父母者，自然想让自己的孩子快乐成长，当初想要孩子幸福一生的人，现在却给了孩子一种感觉不到幸福的压力，把孩子们变成了"竞争式学习"的"陀螺"。

我在这里提到这个问题，并不是要否定或者批判这些家长的做法。正如我在前面提到的，在盲从和"内卷"之下，其实也包含着父母对孩子真挚无私的爱。在我看来，产生这种现象的核心原因在于我国人口众多，而优质的教育资源相对很少。也就是说，能够让孩子过上父母期待的好生活的通道太少，因此为了孩子的美好未来，父母有时候也只能无奈妥协，成为"内卷"中的一员。

那么，有没有什么办法能够帮助这些家长呢？其实，这个问题也不难解决，最关键的一点就是要改变观念。正如我们在前面探讨过的那样，孩子未来能不能幸福，跟学习成绩好不好、能不能考上名校并不能画等号。而且，还有一点非常重要，那就是很多家长认为事业有成、有钱有势的才是成功人士，这种理解和定义过于狭隘和片面了。成功是相对的，不同的人有不同的标准，有人认为有钱有势才是成功，也有人认为做了一件自己想做的事并且做得很好也是一种成功。我们不要被狭义的理解"挟持"。

如果能够在这些观念上有所改变，或许家长就不会再逼着孩子去走那座"独木桥"，非要进五百强企业了。换一条路去走，换一种不同的就业方式，或许前途会更宽广。

其实不仅在家庭教育领域，在社会生活的其他方面，也广泛存在着思想和现实的撞击。

80后摄影师范顺赞曾拍过一组名为《现实给了梦想多少时间》的照片。在这组照片里，每一张照片上都存在着某些不合理的地方：一个男人上身穿着干净帅气的飞行服，下半身却挽着裤腿儿，手拿扳手在修理自行车；一个小女孩戴着皇冠穿着粉色公主裙，脚上却穿了一双旧拖鞋，旁边放了一张写满字的纸和装了零钱的破碗；一位年轻的妈妈抱着孩子比着剪刀手站在上海外滩的背景前，下半身却围了个旧腰包，地上摆着各种正在兜售的小玩具。

类似照片还有很多，这一组记录着"上半身理想、下半身现实"的照片刺痛了许多人的内心，引发他们开始思考：究竟理想的生活是什么？

有的人一门心思想要实现财务自由，有的人向往"松花酿酒，春水煎茶"的悠闲生活，也有的人只想出去走走，去见见祖国的大好山河。现实是，这个世界上绝大多数的人，都在过着和照片中"下半身"一样的生活。

很多人不仅心中有梦想有憧憬，现实中也沉浸在美好的憧憬里，然后一点点被脑海中光鲜的"上半身"所迷惑了，忘记了自己其实是生活在"下半身"的现实中，这同样是使命伪化造成的一种"内卷"。这些人只有从"上半身"中得到激励和启发，用努力奋斗去改变自己的"下半身"，理想才有可能真正实现，同时也可以避免陷入"内卷"的泥潭。

说到这里，我想到了越王勾践。从吴国回到越国之后，勾践害怕自己贪图舒适的生活而消磨了报仇的意志，选择了"卧薪尝胆"的生活。勾践的这种选择，其实就是在时刻提醒自己，虽然现在自己是越王，但实际上还活在"下半身"里。只有保持奋斗之心，将来才有机会一雪前耻。

其实在现实生活中，理想和现实不仅反差巨大，有时候还会转换成相互碰撞的思想利益和现实利益，明明想要的是 A，做出的选择却是 B。与此同时，这个 A 与 B 之间的关系，也常常是对立的。

《奇葩说》相信很多人都不陌生，这是一档屡上微博热搜的电视节目，每期的辩题都能引发网友热议，辩手们更是金句频出。比如有一期节目的辩题是"年纪轻轻'精致穷'，我错了吗？"。其中反方辩手许吉如说了一句话："生活很苦，精致是哪怕吃土，也要吃巧克力味儿的，让自己心里好受一些。"这句话很快就登上热搜，各种转发评论蜂拥而至。

世界上没有任何一种物质上的精致是不花钱的，往往越精致花的钱就越多。对于普通大众来说，想要过得更"精致"，只能选择超前消费，可即使实现了愿望，内心也只能得到短暂的满足，时间一长，很容易让人怀疑自己，并开始慢慢不接纳自己的"精致穷"。

只一味追求物质精致，会让人内心匮乏。过度追求物质享受，会让人的心理扭曲，变得迷失和盲目。

每个人的人生之所以不同，区别就在于：你是想活给自己看，还是活给别人看。

2.4 为什么人们会深陷"内卷"困境

通过前文的分析，相信大家也都看到了，"内卷"已经真真切切地席卷了我们这个社会。既然"内卷"已经无处不在，那是不是说大家都已经意识到这个问题，并开始积极应对了呢？很遗憾，事实并非如此。

事实上，现在整个社会对"内卷"的认识还停留在"看客"的层面，意识到了这个问题并开始积极想办法应对的只是极少数人。对于绝大多数人来说，他们要不就是压根就没有意识到这个问题的严重性，要不就是觉得无所谓，在他们看来，反正整个社会都是这个样子，自己也没有能力改变，随大流生活就行了。

如果说没有意识到"内卷"的严重性而不自知尚可理解，既然意识到了这个问题却依然无动于衷，就让人觉得很费解了。为什么人们会深陷"内卷"之中而无法自拔呢？在我看来，主要有以下三个原因。

2.4.1 为囚徒困境所困

心理学领域有一个理论叫囚徒困境，相信很多人都有所了解，主要讲的是两个囚徒之间的心理博弈。

两个共谋犯罪的人被抓进警察局，分别被关在不同的屋子里接受审讯，无法互通。警察知道两个人有罪，只是苦于缺乏证据，于是想了一个办法。警察分别告诉他们：如果他们两个人都不认罪，最终会各获刑一年；如果两个人都认罪，最终会各获刑八年；如果其中一个人认罪，一个人不认罪，那么认罪的人会被释放，不认罪的人则会获刑十年。

就这样，两个囚徒都面临着两种选择：认罪或不认罪。看上去无论对方如何选择，对于自己来说最好的选择都是认罪：如果对方不认罪，自己认罪就会被释放，不认罪就会获刑一年；如果对方认罪，自己认罪会获刑八年，不认罪则会获刑十年。最终，两个囚徒都选择了认罪，结果双双获刑八年。其实对于他们两个来说，都不认罪才是最好的结果。可是，人都是趋利避害的，在这种情况下，做出的都是对自己最有利的选择。囚徒困境反映出的更深刻的问题是，理性的人往往更容易作茧自缚，或者损害集体的利益。

那么，这和本书讨论的"内卷"有什么关联吗？不仅有，而且关系非常密切。正常来说，人们的思维方式都是习惯于从自身利益出发，这时候为了自身利益，绝大多数人都会选择配合和顺从，正如案例中两名囚犯都做出了坦白的决定。正是这种在他们看来对自身更有利的做法，才是对双方都无益的，而且导致了即使身在"内卷"之中却不想挣扎或反抗的现象。

2.4.2　无法突破最高层次的需求

马斯洛需求层次理论把人的需求分成了五个层次，从下到上分别是：生理需求、安全需求、社交需求、尊重需求、自我实现需求，如图 2-1 所示。

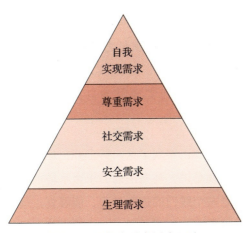

图 2-1 马斯洛需求层次理论

大多数人研究马斯洛的需求金字塔,都是从这一理论在生活或工作中的应用开始的。我们以工作为例进行说明。

- 生理需求——为了过上更好的生活,想多挣钱。
- 安全需求——想要在一个相对安定的工作环境中长期工作,不想加班,不想压力过大。
- 社交需求——想要在职场中与同事、上司、客户都搞好关系,建立自己的人脉。
- 尊重需求——希望自己的工作能够被承认、被赞赏,并借此出人头地。
- 自我实现需求——希望通过工作能够对社会做出一定的贡献。

通过上面的例子,我们可以自行判断内心需求在哪个层次,这样就可以有的放矢地去努力。

对于马斯洛金字塔的理论和应用我没有异议，而且我一直相信，当人们的需求得到满足之后，自然会进阶到顶端：认识自己的价值、追求理想、自我实现。而这也恰好与很多人的想法不谋而合："等到实现财务自由，我就去做自己想做的事。"

然而事实上，真正实现了这一需求并把理想付诸现实的人却是凤毛麟角。也就是说，马斯洛的需求金字塔远不是我们以为的那样简单，而是一个线性的进阶过程，能够真正运用它实现线性进阶的只是极少数人，对于普罗大众来说，更多只能在金字塔下面四层中产生自循环，无法突破第五层。

怎么来理解这句话呢？简单来说，人们为了获得更多的安全感，挣更多的钱，得到更多的尊重和认可，就会更加努力地工作，甚至拼命工作，但是很多时候越努力、越拼命，就越没有安全感。更重要的是，很多时候即使你付出了更多的努力，也未必能够收获想要的结果，这时候就很容易陷入自我否定和自我怀疑的状态当中。

当这种状态形成反复，那么金字塔下面的四层需求都会受到负面影响，心理和身体都有可能产生问题。换句话说，绝大多数人不仅无法突破需求金字塔自我实现需求，反而会在自循环中产生下行的力量，危及下面生理层面的生存。

为了摆脱这种状态，很多人就会更加努力、更加拼命地去工作。如果第五层始终无法突破，那么人们就会陷入一重又一重的"内卷"之中。

2.4.3　源于人的"劣根性"

除了上面讲到的心理学层面的两个原因之外,"内卷"之所以如此严重,还有一个更深层次的原因——人的"劣根性"。其实"内卷"在很多时候体现的都是人性的弱点。

"不患寡而患不均",我可以不在乎我拿的少,但是你不能拿的比我多。你拿的比我多,我就会心理不平衡,然后我想的不是怎么让自己拿到更多,而是如何让你拿得更少,或者让你再也拿不到,人的"劣根性"就这样一点点显露出来的。相信很多人都听过一个英国绅士和乞丐的故事。

在英国有一个绅士为人十分慷慨,每天上班路上他都会经过一个乞丐摊位,每次碰见都会给乞丐一便士。刚开始,乞丐非常感动,每次绅士来的时候他都会连声说"谢谢"。这件事就这样持续了两年时间,突然有一天,当这位绅士再次路过乞丐摊位的时候,没有像过去一样掏出一便士交给乞丐。乞丐不干了,他拉着绅士的袖子说:"我的一便士呢,你把它交出来。"绅士抱歉地说:"对不起,我失业了,从今天开始再也不能每天给你一便士了。"没想到乞丐听了他的话更生气了:"你失业是你的问题,跟我没有关系,你要把我的一便士还给我!"

这一便士是属于乞丐的吗?不是。那他有什么资格向绅士讨还呢?这就是人性,原本不属于他的东西,只是别人照顾给他的,时间一长,他就认为别人给他是天经地义的,如果不给就开始怨恨。很多时候,企业之间的争斗以及组织内部的争斗就是由此而来。

在一个新兴行业内出现了一家甲公司，它比其他企业更早进入这个行业，并且依靠 A 业务获得了极好的口碑，公司很快发展起来，并逐渐变成了一个集团大公司。虽然经过了多年发展，也开拓了很多个业务线，但是 A 业务始终是甲公司的主营业务，可以说，其他业务的构建都是以 A 业务为基础的。

后来，这个行业内又出现了一家乙公司。乙公司刚开始规模不大，主营业务跟甲方虽然有重合，但是这个业务并不是甲公司立业之本的 A 业务，因此甲公司并没有把乙公司放在眼里。随着乙公司慢慢发展起来，也开始扩充业务类别，其中就包括了甲公司的 A 业务。

刚开始时，甲公司没把这个当回事儿，毕竟它是靠 A 业务起家的，如今在这个领域内已经没有敌手，一般公司的小打小闹它根本不会放在心上。可是让甲公司没想到的是，乙公司在 A 业务上突飞猛进，只用了很短的时间就创造了很好的成绩，甚至波及甲公司的这条业务线。而且在 A 业务的带动下，乙公司的规模日益壮大，渐渐成为行业内为数不多的几个巨头之一。

这时候甲公司坐不住了，开始想方设法打压乙公司。乙公司自然也不甘示弱，自己早已不是刚入行的新手了，发展壮大起来之后腰杆子硬了很多。于是双方就这样开始了明里暗里的各种争斗，甚至开始相互抹黑，各种上不了台面的手段都使了出来。

整个行业都在关注这场争斗的结果。这两家公司的胜负，会对整个行业带来影响和震动。

一些企业在面临竞争或者外部大环境变化时，想的不是往外发展，比如去征战海外市场，在既有格局的基础上把蛋糕做大，而是费尽心思想办法把对手干掉。结果"内卷"就这样产生了。

2.4.4 "反内卷"的浪潮即将袭来

无论你是否承认，也无论你是否已经意识到，"内卷"的浪潮已经到来，它对整个社会和我们每个人的危害也已经开始显现。"内卷"造成的各种现象告诉我们，表面的精细化、复杂化并不代表着高级或先进，很多时候那只是一种自欺欺人的假象。

对于个人而言，不断"内卷"慢慢磨平了人的锐气，才智和精力会被慢慢消耗；对组织或企业而言，当越来越多的人开始热衷于"内斗"而不是提高自身能力的时候，很多资源就会被白白浪费，企业经营效率也无法得到提高，对外竞争实力会大打折扣，整个组织或企业将陷入无休无止的疲态当中。

难道我们就没有方法逃离这样的"囚徒困境"，停止"内卷"，停止相互倾轧吗？答案不容乐观。日新月异的科技发展，正在推动着社会发展的齿轮飞速转动，我们每个人都被裹挟其中，无力抗争。你不努力，自然会有人努力；你不珍惜机会，自然会有人珍惜机会。不努力争取，不珍惜机会，你又谈何生存？这就是"内卷"之下最真实的现状。

那么是不是说，面对"内卷"，我们已经无能为力了呢？也不尽然。尽管"内卷"的趋势已经形成,我们都只是社会发展的齿轮中一颗无足轻重的尘埃,但是我们也要想办法努力跳出这个"魔咒",向"内卷"宣战,不断向外突破、创新和创造,这样才有机会让每个人和社会回归到向上勃发的新常态。

那么我们应该怎样去"反内卷"呢?在第 3 章,答案即将见分晓。

|第3章| CHAPTER

六浪叠加"反内卷",用价值观重构价值

"内卷"的浪潮已经到来,留给我们的时间越来越少。透过本质,我们就能找到对抗内卷的方法。在这个瞬息万变的时代,谁能快速掌握"内卷"的解决之道,率先冲破内卷,谁就有机会成为未来热门行业的主导者。那么,怎样才能解决这一系列的"内卷"问题呢?

找对方法,六浪叠加"反内卷",用价值观重构价值!

3.1 使命真切化：从心底解决"内卷"

世界上没有完全相同的两片树叶，世界上也没有完全相同的两个人。不同的出身、不同的成长环境、不同的教育背景以及不同的人生经历，使得每个人都有独特的性格。性格不同，其行为逻辑和发展路径自然也不同。

虽然每个人都有选择工作和生活方式的权利，但并不是每个人都有选择的自由。生存的压力、家庭的压力、制度的压力、传统文化的影响，这些都会左右我们的选择。在很多时候，很多人只能妥协，向着大众认知的方向去塑造自己的使命和行为模式。最终，真实使命与伪化使命之间的扭曲所产生的痛苦，还是要由自己来承担。

3.1.1 很多痛苦和不顺，来自使命扭曲下的"内卷"

很多人虽然口中喊着"逃离北上广"，向往"归居田园"的生活，却又囿于生活的压力，为了更优厚的薪酬待遇和便利的物质条件而留在了大城市。

在现实当中，不能遵从内心意愿的人有很多。自己内心向往的生活和大众认知的生存方式不一致，但还是会选择后者。

中华人民共和国民政部发布的《2019年民政事业发展统计公报》中的公开数据显示，2019年全国依法办理离婚手续的夫妻高达470.1万对，比2018年增长了5.4%，离婚率为3.4‰，比2018年增长0.2‰。在所有离婚夫妻当中，90后的年轻夫妻占据相当大的比重，中国人口调查机构的调查数据显示，90后人群的离婚率高达56.7%。而离婚的主要原因有三种：第一是性格不合，第二是"闪婚闪离"，第三是"丧偶式育儿"。

为什么年轻人的婚姻如此多灾多难？关于这个问题，我们可以到年轻人婚姻的源头去寻找答案。

2019年，中国青年网、"青春有约"联谊交友平台联合婚恋平台珍爱网和深圳大学社会学研究院，针对全国90后青年婚恋观进行了一次抽样调查。调查结果显示，虽然超八成（86.28%）的单身男女对自己目前的单身状态表示不满，渴望改变，同时愿意付诸行动来改变现状，但脱单的主要动力除了自身对婚姻生活的向往（54.55%）之外，还有很大一部分人是因为父母催婚的压力（45.52%）而选择告别单身。

也就是说，很多年轻人，自己可能并没有做好步入婚姻的准备，就在父母的催促和压力下组建了家庭。这种被动产生的婚姻，可想而知会存在隐患。为什么会性格不合？为什么会出现"闪婚闪离"和"丧偶式育儿"的情况？我想是因为很多年轻人只是做了父母想让他们做的事情，并没有遵循自己内心的意愿。

这种心理层面的需求与现实之间的背离，我称之为"使命的扭曲"。我相信，每个人从出生开始都带着自己的使命，有人适合田园牧歌的生活，有人从小就想好了要自在一生，强迫他们过大众认可的生活很可能会产生负面的后果。

之所以这样说，并不是我在鼓吹"归园田居"和"独身主义",也不是想要论证在小城市安家和在大城市打拼究竟哪个更加合理,更不是为了解释听从父母的意见成家立业和坚持独身主义哪个更加正确。我只是想要告诉大家,能够遵循内心的意愿去生活固然是好的,只是也不要过于强求,毕竟梦想与现实之间的差距是真实存在的,很少有人能够绕过这一关。道理虽然大家都懂,但是有些人还是难免会陷入痛苦当中。

痛苦从何而来?从陷入"内卷"的无奈中来,正所谓"外利有限,狭窄竞争"。大多数人都在同一条赛道上激烈地竞争和对抗,所有人都认为一个有出息的年轻人应该到大城市去打拼,所有人都觉得到了适婚年龄的年轻人应该组建家庭,很少有人思考,在这条约定俗成的道路之外,是否还有另外一条更适合自己的路径。

正视自己内心的使命追求,从心出发去构建自己的行为准则,即便没有外界的驱动力也依然坚定,这样才能找到并践行真正适合自己的道路,有效地避免陷入"内卷"的旋涡当中。我将这个定位使命、践行使命的过程,命名为"使命真切化"。

说到使命真切化,我想起了卫哲在混沌商学院讲课的时候提过的一个阿里巴巴的案例。

当时,阿里巴巴有很多员工都在加班,为了解决这些加班员工的晚饭问题,公司决定给他们免费提供盒饭。后来公司的行政人员发现,晚上加班的员工越来越多,而其中有很大一部分是为了蹭这个免费的盒饭。于是行政人员想到了一个办法——想要获得晚上的免费盒饭,需要进行相关的申请,还要经过申请人直属领导的审核。结果呢？每天晚上吃盒饭的人果然少了很多，其中包括很多真正在加班的人。

为什么会出现这种情况呢？正是因为阿里的行政在这件事情上犯了使命伪化的错误，出现了"内卷"。盒饭的使命是什么？是让加班的人不用再订餐，没有后顾之忧地安心加班。可是行政弄了一套烦琐的申请、审核程序之后，加班的人都觉得很麻烦，不想在这上面浪费时间，于是干脆就不去吃了。原本，行政是想利用这个方法把那些蹭盒饭的人挤掉，结果却把真正需要盒饭的人拒之门外。

最后阿里是怎么解决这个问题的呢？方法就是使命真切化。阿里解决的不是盒饭的使命，而是加班这件事的使命。加班的使命是什么？自然是为公司创造更多的价值，同时也体现自己的价值。于是，阿里就把加班这件事的使命确定下来了。这个使命意味着，阿里把所有的员工都当成了自家人，大家加班都会有免费的晚餐。反过来，所有员工也都应该把阿里当成自己的家，为这个家不断创造价值。在这个真切的使命的引导下，很多假加班的人慢慢意识到了这个问题，蹭盒饭的人越来越少了。这就是使命真切化的作用所在。

3.1.2 正视自己内心的追求，定位自己真正的使命

正如上文所说，"使命真切化"的第一步，就是要正视自己内心的追求，定位自己真正的使命。虽然听起来容易，毕竟每个人的使命都是切实存在于大脑和思维当中的，但实际上并不简单，因为我们总是要平衡内心使命与现实需求之间的矛盾。

有的人之所以会陷入"使命伪化"的陷阱，是因为并不了解自己的使命，只是下意识地把一些别人（比如父母、老师等人生当中重要角色）加给自己的定位，当成了自己的使命。这种情况相对来说比较容易解决，随着生活经验的积累，即使他们不去刻意地探寻内心深处的需求，也会自然而然地发现自己真正的使命。

更多的人，虽然从一开始就能够清晰地认识到自己的使命，但不愿意正视它。在实际生活中，更是假借使命之名，做出一些与使命不符的事情。

我们上面提到的"天价彩礼"这件事，本质上就是父母使命的伪化。父母都希望孩子在结婚之后能够幸福，为了确保孩子婚后幸福，让他们的另一半提供一些证明也无可厚非，而索要"天价彩礼"无疑是一种本末倒置的做法。

良好的物质条件、衣食无忧并不代表生活就一定会幸福。对于很多年轻夫妻来说，是否拥有幸福感，物质条件只是一方面，更多的是来自三观相合、兴趣相投之下的情感连接。

幸福比彩礼更重要，虽然这个道理大多数家长都明白，但就是没有办法贯彻自己的使命，为什么会出现这样的情况呢？主要还是外界的压力所致。因为人们习惯于通过物质条件判断别人的生活质量，所以为了彰显自己的孩子拥有一份幸福的婚姻，一些父母才会对彩礼有着过高的要求。

想要正视自己内心的追求，定位自己真正的使命，我们首先要学会和传统的思维模式抗争。不要被外界信息所干扰，坚持自己认为正确的事情，而不是跟风做出从众的选择。

3.1.3 坚持践行正确的使命

"使命真切化"说的不单是我们要找到自己真正的使命，更是强调我们要在实践中践行自己的使命。使命本身只是一种存在于大脑和思维当中的认知，只有通过实践，才能将其转化为现实。

就像我在前面所说的，为了避免使命伪化，我们必须学会与传统的公众认知进行对抗，而最好的对抗方式，就是将我们认为正确的事情，从认知转化为现实，用实际效果，来证明使命的正确性。

所谓践行自己的使命，说得简单一些，就是我们要做和使命相匹配的事情。

举个例子，酣客成立之初，就坚持要做好酒。我们恢复了传统的古法制曲工艺，开创了半罐即续勾、每次续勾都要静置半年以上的先例，虽然延长了产品的生产周期，但保障了产品的品质。这也是我们敢于和行业内成名已久的酱酒品牌进行盲品质量测试的原因。

为了确保产品品质，我们在业内提出了不添加一滴香精、不添加一滴工业酒精、不添加一滴劣质酒的司法级承诺。同时，我们还承诺全年对粉丝无死角开放生产基地，欢迎粉丝和消费者随时监督。每一个购买酣客产品的消费者，都可以拿着我们的产品到专业检测机构进行检测，只要检查出产品当中存在香精、工业酒精、劣质酒，酣客需要承担法律责任。之所以做出这样的承诺，就是为了通过消费者的监督，倒逼自己对产品品质进行严格的管控。

我们甚至要求各地的酣客酒窖、酣客公社以及公司的所有管理者，在公开场合必须饮用酣客自己的产品。换言之，酣客产品的第一批消费者，永远都是酣客自己的员工或者粉丝。这样一来，除了外部的监督以外，内部员工也会为了自己而对产品进行严格的管控。

为了保证产品的品质，对于可能会对产品质量产生影响的包装材料，我们也会进行专业的挑选。酣客酒瓶、瓶塞等直接与酒体接触的部件，选用的都是最环保、最安全的食品接触级材质。外包装的纸箱、套筒、纸浆托也都是采用的环保级别最高的原材料。虽然在一定程度上增加了产品的制作成本，但为了保障产品的品质，我们愿意承担这些支出。

对于企业来说，使命不是墙上的标语，而是刻在骨子里的坚守。确定了自己的使命，就要坚持按照实现使命的方向设计发展战略和经营模式。只有这样，企业才能将使命转化为现实。

"实践是检验真理的唯一标准"，我非常认可这句话。所谓真理，在经过验证之前，也不过是个假设。而验证这个假设是否合理，最简单也最有效的方式，就是实践。同样的道理，在得到践行之前，我们也不知道使命是否真切。只有通过效果的反馈，我们才能确定它是不是值得我们为此奋斗一生。在践行使命之前，还有一个非常重要的前提，那就是这个使命必须是我们自己认可的。否则，无论实际实践效果如何，践行的过程都失去了意义。

比如，酺客的使命之一是打造好酒。之所以会确立这样一个使命，是因为我们从一开始就知道，纯粮酿造的酱香型白酒天然就比勾兑的浓香型或者清香型白酒更加优质。因此，酺客从创立以来，就从来没有焦虑过，因为我们知道自己的使命是正确的，沿着这个使命前进，公司就可以盈利。

坚定地践行正确的使命，才能对抗"内卷"的侵扰。

3.1.4　即便没有外部动力，使命的践行仍要继续

在上文中，我们已经提到使命需要践行，才能彰显价值。在实际的经营工作中，很多企业对于使命的践行，是在外部因素的推动下才得以实现的。

以酺客为例，我们为什么那么积极地践行打造好酒这种使命呢？是因为没有这种高质量的产品，我们很难和行业内很多成名已久的品牌相抗衡。比如华为，为什么要树立"以奋斗者为本"的使命，并拿出大量的资金和股权激励员工？现在国内通信领域的顶尖人才十分少，没有丰厚的待遇和广阔的发展前景，很难吸引优秀人才加盟。

说到这里，请大家来思考一个问题，如果企业进入所谓的"无忧黑海"，独占一整个细分品类，在这种情况下，企业还会践行自己的使命吗？

对于酺客和华为来说，这是一个不成立的问题，因为酺客所处的白酒行业和华为所处的通信行业，都属于竞争激烈的领域。我们没有进入"无忧黑海"，不知道在这种情况下，企业会发生

什么样的转变。

从其他众多企业发展的历史来看，大多数进入无竞争领域的企业都失去了继续践行使命的动力。然而，从践行使命的角度来说，即便是在无竞争的环境下，企业也要保持积极实践的状态。因为在激烈竞争的市场环境中，不知道什么时候，一些其他行业的企业就会跨界转型到你所处的行业中，成为你的竞争对手。更何况，我们践行使命的最终目的是要完成这种使命，如果因为没有外部竞争我们就不再进步，那么这个使命自然永远无法达成。

对于企业来说，即便是在无竞争的环境下，也要牢记使命，并且孜孜不倦地践行。

举个例子，面粉是主要粮食，但估计很少有人关注面粉的品牌，其实五得利面粉是一个体量巨大的隐形冠军。五得利是排名世界第一的面粉品牌，装机容量每天可达四万五千吨，远超第二名美国阿彻丹尼尔斯米德兰公司的两万七千吨。从国内市场来看，五得利的市场占有率超过了排名第二的外资企业益海嘉里（金龙鱼）和排名第三的国企中粮集团的规模总和。

虽然很多人都吃过五得利面粉制作出来的面点，但是很少有人关注这个品牌名称的含义。所谓五得利，就是五方得利的意思。第一是客户得利，指的是向客户提供质优价廉的面粉和优良周到的服务；第二是农户得利，面向农户，企业用较高的收购价，随到随收、立付现款；第三是员工得利，向员工提供较高且稳定的工资和福利、较多培养和升迁机会以及舒适的工作环境；第四是国家得利，也就是法定的税费收入；第五是企业得利，这一点依靠大规模、先进的设备技术和精心又严格的管理得以实现。

将企业的使命融入品牌当中，让员工一来到公司就能牢记自己的使命，即便没有外力的驱动，企业也能一直延续自己的使命，为客户、农户、员工、国家创造利益，同时也为企业创造收益。五得利能够始终保持输出高质量的产品，屹立在面粉品牌的顶端，很大程度是因为坚持践行正确的使命。

五得利的价值感非常朴素，又非常真切，这其实也说明了使命本身没有优劣之分。如果一定要做成一件事，那么我认为优秀的使命就是比较真切的事。而使命真切化，就是让我们清晰地认识到自己的使命，并且不断地践行，从而帮助我们正心明性，避免使命扭曲或者伪化，"从心"开始解决"内卷"。

3.2 价值前凸：真正的创新要超越行业，超乎想象

人到中年，随着阅历的丰富，我越来越觉得"熟悉"其实是一种非常可怕的力量。因为"熟悉"，我们会对很多事情失去激情与向往。小的时候，我会因为日食的出现而好奇心爆棚，即便被灼灼日光照得睁不开眼睛，还是会想尽办法观察太阳。现在，因为见得多了，所以即便是独特的天文现象也很难引起我的好奇心，有时候相关的话题甚至都不能成为茶余饭后的谈资。

对于企业来说，也存在类似的现象。为什么很多耳熟能详的

品牌、家喻户晓的产品悄无声息地消失了？原因很简单，相对于过去的传统产品，现在的消费者更青睐新鲜、潮流的产品。也正因如此，现在的企业才会在产品的创新方面投入大量的资源和精力，刚刚推出一款新产品，就急匆匆地投入到下一轮的产品开发当中。

虽然大多数企业都在求新、求变，但市场上同质化竞争反而愈演愈烈。为什么会出现这样的矛盾呢？除了我们之前提到的经营者同思化、同哲化，经营者对创新的错误认知也是重要的原因之一。

3.2.1　无颠覆，不创新

和很多经营者沟通后，我发现了一个非常有趣的现象，大家都了解创新的重要性，也都会在企业的发展战略中加入创新的内容，而经营者对于创新这件事情的标准却有截然不同的看法。

有的人认为创新就是"推陈出新"，在原有的产品或者服务的基础上，增加一些当下潮流的因素，进而打造出新的产品。这种低成本的"创新"行为，在零售行业非常常见，比如巧克力类产品，虽然常常会推出新款，但基本上是更换一个与当下时令或者节日相关的外包装，包装里面的产品，还是原来的口味。

有的人认为仅在原有产品的基础上进行变化，只能称为更新，并不是创新，真正的创新是要对产品进行全面的"升级迭代"。比如智能手机厂商就非常热衷于产品的更新迭代，每当出现了一种新的技术，或者新的重要零配件，手机厂商很快就会开发出搭载这些技术和配件的机型。

其实无论是"推陈出新"还是"升级迭代"，在当前这个时代都不是真正的创新。"推陈出新"改变的只是产品的外在表现形式，充其量只能算是"新瓶装旧酒"；"升级迭代"出来的产品虽然使用了全新的技术或者配件，但依然没有脱离时代和市场的限制，其他手机厂商同样可以使用这些技术和配件推出类似的同质化产品。换句话说，无论是"推陈出新"还是"升级迭代"，都没能真正打破行业的"内卷"。不够独特，怎么能够称得上"新"呢？

真正的创新，在我看来，应该是约瑟夫·熊彼特（美籍奥地利政治经济学家，著有《经济发展理论》一书）和克莱顿·克里斯坦森教授（美国哈佛大学管理学教授，著有《创新者的窘境》一书）笔下，能够打破行业规则，颠覆行业限制，打造前所未有产品的"破坏性创新"。

现在市场上，颠覆人们对某一行业的固有认知，打破行业局限的破坏性产品有很多，比如重塑了出行服务行业的网约车。我们来看看其中的代表企业——D平台。

过去我们想要乘坐出租车去某个地方的时候，需要在路边等待，直到有出租车路过，我们再招手拦车。这种路边等车的方式，看似简单便捷，其实存在很多问题。通常在人口密集的居民区和商业区打车会比较方便，在一些相对偏僻的地段打车就比较难了。

D平台的出现改变了这种情况，它将出行服务与互联网结合在了一起。通过App，用户可以提前预约出行服务，节省路边等待的时间。

D平台还打破了原有的行业规则，将私家车资源整合进了出行服务的行列当中，极大地增强了平台的服务能力。虽然D平台自己没有一辆出租车，但可以调动这些私家车资源，为用户提供多样化的服务。我们现在打开D平台的软件，会发现除了出租车以外，还有快车、特惠快车、专车、拼车等不同的选项。消费者可以根据自己的需求，选择合适的出行方式。

作为破坏性创新的产物，D平台在切入市场的时候，就明白自己是很难被传统出行服务行业接受的。因此D平台非常巧妙地通过减免平台服务费的方式，吸引了大量的出租车和私家车进驻平台，随着服务能力的提升，用户数量也在不断增加。

更重要的是，D平台积累用户的过程，也是教育市场的过程。用户习惯了D平台带来的便利出行体验，自然会放弃以往在路边打车的传统模式，而用户转移到了线上，出租车自然会和平台持续合作下去。因此，虽然现在有些出租车司机吐槽D平台收费越来越高，但他们还是会继续使用这个软件，因为没有平台的辅助，出租车也很难接到客源。

网约车是打破大众对出行服务想象的产品，因为颠覆，所以足够新颖，能够吸引用户的眼球。

说到这里，相信大家已经明白了我为什么认为"破坏性创新"或者"颠覆式创新"才是真正的创新。在信息爆炸的移动互联网时代,消费者有无数渠道去了解市场上的各种产品,他们对于产品的了解程度,超乎我们的想象。尤其是某些产品的"发烧友",他们对于产品的前瞻性把握,甚至要强于企业的经营人员。

对于清楚掌握产品特性、了解产品发展走向的消费者来说,"推陈出新"或者"升级迭代"都不足以让他们产生惊喜的感觉,只有具备颠覆性和破坏性的全新产品,才能让他们眼前一亮,重燃好奇心。

3.2.2 打破传统,需要有"冒天下之大不韪"的勇气

颠覆原有行业的规则,打破原有行业的传统理念,听起来容易,在实际的操作中,其实困难重重。

首先,绝大多数的中小企业不具备制订规则的能力,换言之,我们是在行业头部所制订的游戏规则中生存。颠覆传统,打破规则意味着对行业领先者的挑战,即便你设想的创新方向是正确的,在大环境和资本的压力下,变革也很难完成。

其次,在既定的规则之下,其实是各种基础设施的支撑。比如,各大电商平台的订单数量飞速增长,背后是云计算水平的普遍提升;物流行业的快速发展,离不开道路建设和多样化交通方式的赋能;外卖行业的高效崛起,背后是智能配送系统和庞大配送团队的支撑。想要改变规则,企业必须具备能够支撑新规则、新业务落地的技术、系统、团队等基础设施,而这些,恰好是多

数中小企业所欠缺的。

虽然行业规则限制、基础设施建设能力缺乏会让创新工作难上加难，但毕竟没有阻断我们创新的路径。现在很多企业，面对这种环境，还没有尝试，就主动退缩了。

这种臣服规则、放弃创新的现象，不只发生在企业的经营过程中，在日常生活当中也同样存在。还是以教育这件事为例，有很多人虽然认为应试教育存在很大的弊端，但还是会把孩子送到学校去学习、考试，鼓励并教育他们要考上一个好的大学。

为什么人们的想法和行为会自相矛盾呢？因为我们生活在这个社会当中，就要遵守这个社会的规则，没有学历，意味着孩子未来很难找到一份稳定、高薪的工作；没有知识，在这个社会上将寸步难行。

规则是既定的，而打破规则是需要付出代价的，企业和个人面对这种困难重重又风险极高的事情，会失去创新的勇气，也情有可原。

任何一个行业都需要"第一个吃螃蟹的人"，这样行业才能持续发展，社会才能不断进步。如果没有苹果推出颠覆式的智能手机产品，我们现在可能不会享受到如此便利的移动互联生活；如果没有支付宝推出颠覆式的手机支付方式，我们现在可能还只能使用现金支付。没有这些颠覆式的产品，我们今天的生活可能会是另外一个样子。

有些时候，企业需要具备"冒天下之大不韪"的勇气，敢于打破规则，颠覆传统，才能找到创新的方向。

当初，阿里巴巴在决定开发自己的云计算技术的时候，遭遇了非常大的阻力。一方面，阿里巴巴自身并没有云计算方面的技术基础，从 0 到 1 需要长时间的持续投入和资源支持，而且还存在开发失败的风险。

另一方面，当时无论是国际市场，还是国内市场，都已经出现了一些能力相对完备的云计算服务公司，只需要购买服务就可以获得算力方面的支持。在阿里云出现之前，阿里巴巴也是采用外部采购的方式来支撑平台的运作，而且阿里内部很多电商业务相关部门都已经习惯了这种规则，不想去打破。

即便阻力巨大，公司高层还是力排众议，毅然决然地开启了这次业务创新。而之后发展的事实也说明了，如果不是公司高层"冒天下之大不韪"去组建团队，开发了云计算技术，天猫、淘宝等电商平台在之后的发展中就可能会因为平台算力的限制而陷入停滞，更无法创造"双十一""双十二"购物节期间举世瞩目的销售奇迹。

通过阿里巴巴的案例，其实不难理解，有的时候真理就是掌握在少数人手中。作为企业的经营者，你不能因为自己的想法与行业现行的规则和传统不一致就质疑自己，而是要去大胆地尝试，然后小心地求证。

3.2.3　价值前凸，看到人类与市场的未及之处

创新始于思想，最终还是要落在实际的经营中，才能为企业

创造价值。我们不仅要具备"冒天下之大不韪"的勇气,还要学会破坏性创新的方法。

现在市场上存在很多关于创新的说法,比如前文提到的"推陈出新"和"升级迭代",这些方式都不足以真正颠覆一个行业,打破传统。真正的颠覆式创新,或者说破坏性创新,需要的是价值前凸的眼界和思维高度。

所谓价值前凸,简单来说就是想到人类前面,想到市场前面,看见人类与市场未及之处。只有你的目光足够长远,设计、开发出来的产品才能超乎人们的想象,给人以惊喜,让人们产生新鲜感。只有这样的产品,才能颠覆一个行业,让企业拥有"反内卷"的能力。

如今在市场上,很多行业内部都出现了所谓"新国潮"的消费热点。过去流行舶来品,现在消费者对于那些具备中国特色,有鲜明民族特点的产品产生了浓厚的兴趣。

在所谓的"新国潮"到来之前,酣客就预感到未来可能会出现这种趋势,我们很早就开发出了极具民族特色的"半月坛"。在设计酒瓶的时候,我们借鉴了国画的水墨意境,素净的白色瓶体上搭配醒目但不突兀的黑色字体,符合国人的传统审美。同时,我们还应用了留白的技巧,在半圆体的酒瓶上留下了大量空白的地方,供消费者题字、作画。为了让消费者可以更方便地在"半月坛"上书写,我们使用了"陶土瓷烧"的制作工艺,烧制出来的产品,虽然表面没有光亮的釉质,但质地和瓷器一样细腻,既解决了墨迹在瓷釉上不宜停留的问题,又保证了酒瓶的坚固程度和握持手感。

在酣客内部，我们把"半月坛"定义为"艺术酱酒"，很多艺术家和崇尚艺术的消费者都很喜欢这款产品，很多人会在"半月坛"上题字作为收藏品。

一些细节的调整，一个简单的设计，只要能够价值前凸，就可以令产品价值倍增。现在的消费者，不仅愿意为产品买单，也愿意为了情怀和新鲜感买单。

除了"半月坛"之外，酣客的领先设计还有很多。比如，现在大多数人就是单纯喝酒，没有想过喝酒还能和生活联系在一起。而酣客给粉丝做衣服，组织粉丝参加活动，这些做法自然也让粉丝对酣客这个品牌更加认可。

除此之外，现在市场上大多数白酒厂商认为白酒这种产品不适合电商渠道，一方面这是因为传统企业在过去经验的指导下，大多更信任实体经销商渠道，对于新兴的互联网渠道不了解也不信任；另一方面，考虑到白酒产品的主要消费群体基本是中老年人，相对于网上购物，他们更习惯自己到门店购买。

酣客很早之前就开始布局自己的网店和App，我们认为互联网是不可逆的潮流，即便是中老年人，最终也要接受互联网。果不其然，中国互联网络信息中心统计的数据显示，截止到2020年12月，中国互联网用户数量已经达到9.89亿，超过总人口的70%。其中，50岁以上的网民数量已经达到2.6亿，占网民总数的 26.3%。这个数据足以说明，越来越多的中老年人适应了互联网生活。

因为社群是酣客的主体经营模式，所以出货的渠道也会依赖线下销售，现在网店的销售额还比较有限。但我相信，随着品牌知名度不断提升，越来越多社群之外的人也会认识这个品牌。到那个时候，网店的运营成为业务的新增长点便是水到渠成的事情了。

3.2.4　创新者引领时代，但也不能走得太快

从某种程度上说，价值前凸就是对未来的准确预判。通过这种精准的预判，企业可以对某些未来可能需求高涨的行业提前布局，利用超前的产品激活消费者的潜在需求，从而占据市场先机。换言之，创新者不是迎合时代，而是在创造时代。从这个角度来说，不是作为消费者的我们在享受企业创新的结果，而是企业通过创新的产品和服务，引领了我们的消费和生活习惯。

知名火锅连锁品牌 H 的创始人在创建这一品牌之前发现，餐饮企业如果不能实现规模的扩张，想要获取持续的营收和长远的发展，几乎是不可能的。想要实现良性的扩张和持续的发展，标准化是不得不解决的问题，因此他选择了用火锅这种比较容易标准化的单一品类来切入市场。

另外一个知名餐饮品牌 W 的创始人看到了大众对家常味道、精致环境的追求，于是主打安静优雅的就餐环境、精致的装潢、

家具和餐具，搭配追求家常本味的菜品，既有个性，又充满温情，非常符合当代年轻人对理想就餐环境的要求。

有的竞争优势是服务质量，有的竞争优势是独特环境，也有的竞争优势就是极致单品战略所带来的优质体验。消费者会因为服务而满意，也会因为环境而倾心，但餐饮企业发展到最后，比拼的必然是产品的品质。

企业价值前凸式的创新，除了能够通过产品或者服务吸引消费者之外，在科技发展方面也具备引领作用。

在很多技术领域，都是个别企业或个别人的超前发展带动了整个行业的进步。以前我们通过书信沟通，后来有人开始投资电话；我们还在享受电话带来的便利的时候，已经有人在布局互联网产业；当我们进入互联网时代，又有人先我们一步，开始向移动互联网领域进军。

说到这里，相信大家对于价值前凸这种创新的思维方式已经有了充分的认知。只有价值前凸，对未来形成准确的预判，才能做出创新。只有做出创新，人类才会按照提前布局的方向去发展，你才能获取更多的收益。

不过，虽然企业需要价值前凸的超前预判去进行破坏性创新，但同时也必须保证发现的未来趋势或者未来热点是可以被当下消费者群体和市场所接受的。简单来说，就是你可以领先于人类，领先于市场，但是不能走得太远，否则就会曲高和寡，即便创新成功，也很难得到市场的认可。

斯皮尔伯格导演的电影《头号玩家》相信很多人都看过，影片中利用虚拟现实技术（VR）为观众呈现了一场震撼的视觉盛宴。一提到VR，很多人都认为这是一种最新的高科技，其实不然。早在20世纪80年代中期，很多企业就已经意识到虚拟现实是游戏行业未来发展的趋势。曾经将经典街机游戏"吃豆人"和虚拟现实技术结合在一起的Virtuality公司以及被誉为虚拟现实之父的计算机科学家杰伦·拉尼尔成立的VPL Research公司都在当时推出了虚拟现实设备。

虽然这些公司开发出了虚拟现实设备，但当时的制造业水平有限，这些装备非常笨重，使用不便。而且，当时的软件技术也不具备承载虚拟现实内容的能力，再加上屏幕的分辨率低，因此画面十分不稳定，甚至会导致使用者出现头痛和恶心的症状。最终虚拟现实游戏没能在那个时代发展起来，直到现在，有了基础能力强大的硬件和处理能力极强的软件，越来越多的公司才重新回归虚拟现实游戏领域。

类似的情况，还有1996年首次推出的网络电视——Web TV。

早在1996年，就有公司意识到了电视和网络可以结合在一起。1997年，微软花了50亿美元收购了这家公司。尽管研发出的产品实现了网络与电视的连接，但因为当时的网络应用技术尚未发展到相应的水平，很多网络上的内容都无法在Web TV上呈现，所以用户对这款产品的使用体验很一般，其在市场上也没有掀起太大的浪花。几年之后，微软便停止了网络电视的服务。

十几年过去了，随着技术水平的提升，网络电视又重新登场。这一次，这种产品彻底改变了电视行业的经营逻辑，逐渐取代普通电视成为行业的主流。

价值前凸是好事，通过超前的准确预判完成破坏性创新，足以让企业打破行业桎梏，从"内卷"的旋涡中逃离出来。同时预判的眼光又不能过于长远，如果创新的方向超出了当前行业所能承载的极限，那么即使你的方向是正确的，设计出来的产品也未必能够达到预期的目标。更重要的是，超出行业太多的产品，往往也会令人难以理解和接受，就如晚清时期的国人认为照相机是勾魂摄魄的工具一样。

其实在特定的时间段里，任何事物都有自身发展的极限，创新者虽然创造时代，但前提是创造出来的事物能够被人们所接受。作为企业的经营者，不要好高骛远，凡事领先半步，就足以让消费者感受到新鲜与惊喜。

3.3　全系统差异化：自域扩张是一门必修课

在3.1节和3.2节，我介绍了解决"内卷"的两个方法，一个是使命真切化，一个是价值前凸。使命真切化是从心底解决"内卷"，即树立真切的使命、愿景、价值观，树立目标；价值前凸是告诉我们，"反内卷"的本质就是要进行具有前瞻性和颠覆式的创新。

那么，是不是做到了这两点就可以成功"反内卷"了呢？还不够。虽然实现了这两点，但是企业内部还是在实行一些陈旧、保守的管理体系和制度，那么之前所做的一切努力恐怕就白费了。

举个简单的例子。如今合伙人制风生水起，很多企业，尤其是一些依靠连锁门店经营的企业都从原来的雇佣制升级为合伙人制，简单来说就是把门店的店长和优秀员工变成合伙人。在合伙人制度下，员工不再是打工者，变成了老板和股东，这时候他们对企业的责任心和工作热情就会被极大地激发出来，从而为企业也为自己创造更多的价值。

那么是不是所有实行合伙人制的企业都获得了成功呢？当然不是。有很多企业虽然从雇佣制改为了合伙人制，但没有为此制定合理的薪酬体系以及股权管理和经营管理制度，结果在合伙人制落地的过程中搞得一团乱，不仅没有获得预想中的利润增长，反而让合伙人制拖了企业发展的后腿。

由此可见，企业在制定发展战略或者在进行改革的时候，只改一件事是不行的，与之配套的内容都要跟得上才有可能成功落地，这就是全系统差异化。比如在合伙人制中把员工变成老板和股东，这就是一种差异，而想要支撑合伙人制的运转，仅完成员工角色的转换远远不够，必须要有配套的机制支撑。全系统差异化简单来说就是跳出原来的圈子，进行自域扩张。如果做不到全系统差异，所有的改变和创新都只是纸上谈兵。

3.3.1 谁说企业总部只能有一个

在生意场上，你想要了解对方公司的情况，或者对方想要了解你的公司的情况，大多都会问一句："请问，你们公司的总部在哪里？"我就经常会被问到这个问题。一般来说，碰到这个问题，大家正常回答就行了，可是每一次我都要多费几句口舌来进行解释。为什么呢？因为酣客的企业总部并不是一个，而是五个，分布在不同的城市。

下面我介绍一下酣客的五个企业总部都在哪里，以及为什么我们这么特殊，会有五个企业总部。

1. 生产和制造总部——贵州省仁怀市茅台镇

我们把生产和制造总部设在茅台镇，因为这里是中国高品质酱酒最好的生产地。

首先，这里的地势适合酿造酱酒。一般来说，高品质酱酒酿造区的海拔高度在 400～600 米为最优。因为酱酒在酿造的过程中需要微生物的帮助，而这个海拔高度的生产环境正适合各种微生物的存活和生长。茅台镇地势低洼，周围的大娄山海拔都在 1000 米以上，但在茅台河谷一带，海拔只有 400 多米。

其次，这里有一条"美酒河"。"美酒河"就是赤水河，每年雨季来临，赤水河两岸的泥沙受到冲刷冲进河中，就会给赤水河带来丰富而有价值的微生物和其他物质，这都是影响酱酒风味和品质的重要因素。每年重阳节过后，原本棕红色的赤水河就会变得清澈透明，"下沙大典"也迎来了最好的时候。

最后，这里有支链淀粉含量最高的红缨糯高粱。粮为酒之本，选择不同的高粱，就会酿出不同品质的酒。仁怀地区产出的一种红缨糯高粱被誉为高粱中的"圣斗士"，因为在所有高粱品类中它的支链淀粉含量最高,所以用它酿出来的酱酒是醇厚。虽然其他地方也产糯高粱,但是只有仁怀当地出产的糯高粱才是真正的"圣斗士",即使拿种子到其他地区去种植,产出的品质也会差很多。

得天独厚的茅台镇,就这样成了酱酒酿造最好的地方,因此酣客生产和制造总部才在这里安了家。

2. 行政和财务总部——广东南沙自贸区

广东省有三个自贸区,分别是前海自贸区、横琴自贸区和南沙自贸区。其中南沙自贸区的定位是粤港澳全面合作示范区,将被打造成为高水平对外开放的门户枢纽。经过几年的发展,南沙已经发生了翻天覆地的变化,正在向着高水平的国际化城市和国际航运、贸易、金融中心的方向一步步迈进,成为广州的"城市副中心"。

南沙自贸区之所以发展得如此迅速,除了得益于国家发展战略的红利,还与其以优惠的政策吸引了来自全国甚至世界各地的企业聚集在此密切相关。南沙自贸区给企业的优惠政策非常多,包括迁入奖励、企业认定资助、配套扶持、办公用房补助、网络费用补助以及针对跨境电商企业的专项奖励等。另外,在税收方面,南沙自贸区也给入驻的企业提供了很多优惠政策。

面对这样优渥的条件,我们当然要把行政和财务的总部设在这里。

3. 仓储物流总部——河南郑州

郑州地处中原腹地,沟通南北,是京广铁路、陇海铁路两大铁路大动脉以及京港高铁、徐兰高铁两大高铁交通大动脉的交会点,被誉为"中国铁路心脏"。仓储物流,最重要的就是运输通道,因此郑州是最好的选择。

4. 传媒中心、工业设计中心、人力资源中心以及电商化运营中心——北京

在 2020 年 31 省份 GDP 排名榜单中,广东、江苏和山东位列前三甲,北京仅排在了第 13 位。尽管在经济总量上北京无法跟很多省份相比,但是这抹杀不了北京作为政治、传媒、人才中心的地位。因此,我们将传媒中心、工业设计中心、人力资源中心以及电商化运营中心设在北京。

5. 文化、教育以及市场渠道总部——山东济南

山东是先贤孔子和孟子的故乡,儒学的发源地。同时,山东人热情好客,性格豪爽,因此山东也是酒文化最盛行的地方。我们将文化、教育及市场渠道的总部设在这里。

看到这大家应该都明白了,酣客之所以有五个企业总部,就是为了能够利用不同地域的一些特定优势,而这些优势正是我们发展的根基。

3.3.2 产品周边可以打出另一片天

在现代市场竞争中,产品之间的竞争在很大程度上不再局限于产品本身,而是逐渐扩展到了产品的周边,最直接的就是已经投射到了产品的辅品矩阵上。如果说酒的品质可以依照古法用心打造,那么打造辅品更多的则是要依靠创新和创意了。

现代企业的竞争,很多时候不仅仅是产品本身的竞争,还包

括辅品的竞争，这也是为品牌和企业加分的重要一项。辅品按照功能一般可以分为直接辅品、间接辅品和精神辅品三类。

1. 直接辅品

直接辅品很好理解，就是与主品直接相关的辅助产品，比如充电器之于手机、鼠标键盘之于电脑、遥控器之于家用电器。那么，直接辅品应该怎样打造，或者说直接辅品对于主品来说应该起到哪些作用呢？我认为主要是提升主品的使用价值，以及为消费者创造额外的惊喜。

喝酒自然离不开酒杯，酣享酒杯套装正是酣客打造的最成功的直接辅品之一，如图 3-1 所示。套装内包括一个分酒器、一个活瓷握杯、一个酣宠、两个闻香杯以及四个酒杯。这套酒杯遵循天圆地方的理念设计，造型优美，精工细作，实用性暂且不谈，只看外形就足以让人尖叫了。

图 3-1　酣客酣享酒杯套装

2. 间接辅品

顾名思义，间接辅品就是与主品没有直接关联，但同属一个品牌之下的附产品，比如虽然小米电视和小米手机之间的关联性并不强，但是同属小米品牌旗下。间接辅品虽然不能像直接辅品一样提升主品的价值，但它们也具备自己的独特作用，比如体现企业的诚意，进而获得消费者更广泛的认可。

为体现宠粉文化，酣客推出了一系列粉丝专用文化品，比如酣客行李箱、酣客双肩包、酣客服装等，这些间接辅品培养和提高了粉丝对酣客品牌的忠诚度，也成就了酣客在行业内的独树一帜的品牌形象。

3. 精神辅品

所谓精神辅品，就是一些可以满足消费者精神需求的辅助产品。这些产品可以是有形的，也可以是无形的。无论形式如何变化，精神辅品存在的意义，就是要让主产品迎合消费者在精神方面的追求，从而实现抢占消费者心智的目的。

为了让粉丝更加了解酱酒，感受酣客的品牌价值，酣客打造了十分丰富的精神辅品矩阵。每一年，酣客都会举行一次全国性的酣客节，各地区还会不定期举办地方酣客节，如图3-2所示，可以毫不夸张地说，对于很多酣亲来说，酣客节甚至比春节还要重要。酣客每年还会不定期举办"酱香之旅"，带粉丝到仁怀市茅台镇的酣客酱酒酿造基地亲身体验酿酒的过程。一年一度的海外游学，更是让酣亲们增长了见识，如图3-3所示。FFC课程、酣客大学、酣客研究院也为酣亲们学习和丰富文化生活提供了更多的平台。另外，酣客也会定期举办一些主题活动和赛事，比如沙漠徒步行走、高尔夫邀请赛，如图3-4所示。这些活动的目的就是丰富酣亲们的业余文化生活，同时深化品牌在酣亲中的影响力。

图 3-2　2020 年第八届酣客节现场（西安）

图 3-3　酣客 2019 英国游学酣亲合影

图 3-4　2020 年酣客库布旗沙漠徒步挑战

这些辅品的打造,加深了酣亲心目中酣客的品牌价值。

3.3.3　战略研究真抓实干

想要探究事物的真相,必须进行深入的研究。对于企业来说,就是要研究行业的趋势、企业未来的发展方向、品牌和产品定位以及深刻了解用户需求。而要想完成这些战略层面的目标，就必须真抓实干。

过去在大多数人的认知里，企业的研究院就是为了培养干部、提升管理水平设立的。的确，酣客研究院也完全具备这项功能。酣客研究院是酣客打造的一个重要的文化工具，对内培训员工和干部，对外培训粉丝及合作者，同时还向第三方企业家提供培训服务。

但是，这并不是酣客研究院存在的唯一理由，除此之外，酣客研究院还负责研究行业、研究市场、研究消费者。

想要了解整体经济环境和大趋势，只研究白酒行业是远远不够的。酣客研究院把触角延伸到了其他多个领域和行业之中，就是为了从其他领域学习知识和经验。

每推出一个新品牌、新品类，我们都要进行深入的研究，制订一份战略计划书，再结合市场进行反复论证。收藏级酣客新品"酣客留香"、酣客酱酒试管版、酣客酱酒随身版以及酣客酱酒古瓷版等产品，都是经过深入研究才推向市场的。没有这些前期研究，我们就无法掌握行业、市场以及消费者的现状和需求，自然也打造不出符合时代发展、顺应潮流的产品。

一般企业想要了解市场现状，会花重金请外部咨询公司来操作。如果企业能够进行自域扩张，打造全方位的实力，就会承接很多原本需要外部力量协助的事情，从而节省企业开销，提升企业产出价值。

3.3.4 互联网中心+影视基地，助力企业打造全系统差异化

移动互联网时代，对于很多企业来说，打通线上线下是必行之路。虽然互联网非常重要，但我们也要认识到，互联网无论怎么发展，都只是一个工具，BAT这些互联网公司实际上只是"修路人"。

我们没有能力"修路"，就要学会借助"修路人"的力量，这其中也要讲求方法，如果方法不对，或者认识不够，想要实现企业互联网化将难上加难。就拿白酒这个行业来说，很多大品牌、大公司只是把互联网化当成一件任务，并没有将此提高到更高的认识层面。很显然，他们小看了互联网化的难度。

虽然很多企业都在争相学"互联网+"，为此也交了很多学费，学了很多东西，但坦率来讲，传统企业向互联网化转型还是很难的。

酣客从成立之初，就确定了是一家具有互联网思维的公司。酣客不会用传统白酒企业的思维去做品牌，而是把互联网营销人员、设计师等行业人才都汇聚到一起。传统酒企强调的是渠道和营销，而酣客强调的是产品和客户。酣客从创立之初就意识到了互联网的重要性，并建立了自己的互联网中心。截止到2021年，互联网中心的工作人员已经超过了50人，而且公司层面给予的投入和支持也一直不断加码。

为什么我们会如此重视互联网中心的发展？因为互联网与粉丝经济和社群化运营紧密相关，而这正是酣客正在走的路。

另外，酣客的互联网中心还在不断扩展新领域。比如，我们打造了酣享 App，如图 3-5 所示，并已升级到了 2.0 版本。我们也正在研制酣客健康手表等一系列物联网产品。

图 3-5　酣享 App

企业想要实现全系统差异化，互联网化是必经之路，不仅要稳步踏入，而且要不断投入，积极支持。

如今是新媒体、新传播时代，得屏幕者得天下。面对未来，各行业的新品牌应该怎样传播？在我看来，必须打造自己的自传播矩阵，自传播矩阵等于免费广告。酣客的互联网基因在白酒行业独树一帜，我们不仅拥有完善且高效的自媒体传播矩阵，同时还高度重视原创视频文化输出，甚至打造了酣客影视基地，如图 3-6 所示。

图 3-6　酣客大电影

2017 年，酣客在广州成立了文创影视基地，打造自己的影视文化工程，开始了酣客大电影的拍摄。什么是酣客大电影？就是用全电影级的拍摄手法为酣亲制作视频影像。你可以按照传统思维称呼它为广告片、宣传片、专题片，它的长度往往不超过三分钟，有情节、有内容，而且有趣耐看。

自成立以来，酣客的文创影视基地已经拍摄各类影视题材超300部，具有丰富的拍摄制作经验，水准一点也不低于专业的4A广告公司，成本却仅为4A公司的1/10。同时，酣客影视基地对外开放，希望能够为中国白酒行业集体赋能。

今天的新商业现象越来越多，竞争边界在不断扩大。我们要不断增强自己在各个方面的见识与能力，让企业成为一个综合、全面、高瞻远瞩的实体，实现自域扩张，才有能力承载真切化的使命，实现价值前凸。

3.4 底层重构：结构性的颠覆和再造

在前面的内容中，我们已经讲到，企业想要打破所在行业传统模式的限制，冲破"内卷"的束缚，打造具备差异化的企业经营系统，实现自域扩张是不可或缺的一步。在打造差异化系统的过程中，还有一个关键步骤，就是重构企业底层的经营逻辑。

经济基础决定上层建筑，在企业当中，企业的经营逻辑同样会对业务、战略等上层建筑产生巨大的影响。经营逻辑决定了业务和战略展开的方式，如果业务和战略不匹配，企业开发出来的新业务、制订的新战略可能会因为执行不善而中途夭折。换句话说，如果企业只调整产品类型、业务体系和发展战略，没有相应地对底层经营逻辑进行调整，那么新业务和新战略就会因为缺少合适的思维引导而很难成功落地。

如果你想要构建差异化的经营系统，就必须对底层的经营逻辑进行重构，改变经营者的思维，让其具备承载新系统的能力。说到这儿，有一个案例不得不提。

以往，故宫在大家心中的形象都是庄严肃穆的，那里沉淀了两个朝代的历史文化以及六百年的沧桑巨变。谁又能想到，高高在上的故宫有一天竟然会如此"接地气"，变成老百姓身边的一个"网红"呢？

我有幸听过几次单霁翔院长的演讲，在他的演讲里总会提到这样一段有关文物保护的话："这些文物，当它得不到保护，它就没有尊严，它蓬头垢面。但是得到保护、得到展示以后，它就光彩照人了。所以今天我们一定要叫我们故宫博物院收藏的1 862 690件文物藏品，每一件必须要光彩照人。"

在单霁翔刚上任的2012年，故宫对公众开放的区域只有30%，很多地方立着"非开放区，游客止步"的牌子，99%的藏品都沉睡在库房里。在接下来的几年中，单霁翔开始大刀阔斧地在故宫进行了改革。

1. 藏品上网

单霁翔选出原本锁在库房里的180多件藏品，分阶段一批一批地陆续公布到网上，包括图片以及详细介绍，所有人在网上都能够查到。

2. 为故宫打造 IP

《我在故宫修文物》和《上新了·故宫》是特别为故宫策划的两档节目。这两档节目让更多的老百姓通过镜头走进故宫。很快，故宫口红、故宫睡衣等文创产品以及角楼咖啡、故宫火锅成了很多人的"新宠"。

3. 科技加持

积极拥抱科技是故宫改革的另一项重要举措。在单霁翔的主导下，故宫开始运用 VR 技术拍摄宣传片介绍文物，还推出了自己的 App。

4. 为故宫代言

在任的七年中，为了宣传故宫，单霁翔上过很多知名的电视节目，比如《鲁豫有约》《朗读者》《杨澜访谈录》《国家宝藏》等，而且参加了不计其数的相关会议，进行了近 2000 场的讲解，成为故宫名副其实的代言人。

就这样，单霁翔用了七年时间把故宫打造成了一个全国知名的"网红"。这一点从故宫每一年不断增加的开放区域就可以看得出来：2014 年达到了 52%，2015 年达到了 60%，2016 年达到了 76%，2019 年初已经达到了 80%。随着开放区域的增多，来故宫参观的人数不断增加，网络上关于故宫的话题也越来越多，很多话题还经常登上微博热搜。

曾有网友评论说，单霁翔在任的七年，是故宫改革开放的七年。他在这七年中做的事，就是对故宫的底层逻辑进行重构，也正是因为有了这种重构,才让有六百年历史的故宫焕发出了崭新的光彩。

底层逻辑的呈现方式,直接决定了上层建筑的具体形式,这一点在生活当中也有很多体现。比如,日本的餐饮文化很多都是从古代中国学习得来的,因为他们重新塑造了餐饮文化的底层逻辑,所以日本餐饮并没有成为中式餐饮,而是成为独具特色的日式料理。

企业的经营也是一样,要想破除"内卷",上层建筑要差异化,底层逻辑同样也要差异化。而且,从构建差异化系统的角度出发,越是重大的变革,对企业的底层逻辑挑战就越大。如果企业想要实现全系统差异化,打造与过去截然不同的企业系统,就必须要对底层逻辑进行颠覆和重塑。

3.4.1 组织架构设计逻辑的重构

大多数企业的组织架构是随着业务的发展逐渐建立起来的,而非企业经营者主动设计出来的。也就是说,很多企业的发展,是落后于业务的。在业务良性、稳步发展的阶段,这种组织架构成型的方式看上去没有问题,因为营收的数据会掩盖很多经营方面的问题。

到了系统变革期,新业务、新战略急需相应的人才,如果企业没有合理的部门、岗位设置,这些需要落地的工作根本无从下手。想要实现全系统的差异化,推动业务和战略的变革,企业需要改变以往组织架构的思维逻辑,提前将架构调整到合理的状态,来承载新系统的落地。

2010年,PC互联网的发展进入平台期,移动互联网大潮蓄势待发。作为中国第一批互联网企业中的佼佼者,腾讯是最早捕捉到这个趋势的公司之一。当时,马化腾号召员工积极拥抱移动互联网。

当时腾讯的员工已经超过3万,组织架构是业务部门制(BU),部门之间各自为政。尽管马化腾的口号喊出去了,但是在腾讯内部没有激起太多水花。

接下来腾讯是怎么做的呢?腾讯把原来庞大的业务部门全部切分成数个项目小组,每个小组8个人左右。每个小组都要开发出新的项目,如果项目被市场接受,说明这个小组适合移动互联网这块土壤,那么就继续深挖,做大做强;如果开发不出项目,或者项目不被市场接受,那么小组就有可能面临解散。

在这种全新的组织模式下,腾讯内部的斗志越来越高昂,从上到下开始了全员创新,而且创新力度不断加大,微信正是在这一时期横空出世的。

虽然现在大多数的企业和已经成为行业顶尖企业的腾讯相比还有很大的差距,但生存在同一个商业社会,面对同一个新商业时代,企业打破"内卷"的需求是相同的。中小企业同样需要设计新产品、新业务、新战略以构建差异化的系统,同样也需要对自己的底层逻辑进行重构。

酣客是一家和其他传统的白酒品牌截然不同的酒企,我们和传统酒企不同的地方不只是社群化的经营模式，还有组织架构设计的底层逻辑。

传统的白酒企业通常只会设置四个部门：生产部门、销售部门、市场部门和人力资源部门。规模更大的企业可能会增加行政部门、研发部门等后台系统部门。酣客除了有这些常规部门，还增加了设计部门。增加设计部门的原因是我在对白酒行业进行深入研究之后发现，在现在的市场上，不是质量突出的产品就能让消费者满意，那些能够给消费者带来惊喜的产品才能够占据用户的心智。基于这个原因，酣客走上了极致产品主义的发展道路。也正因如此，我才会在酣客的总部建立专门的设计部门，高薪聘请专业的人才，甚至不惜花费远超行业平均水平的资本投入，采购业内规格最高、环保级别最高、质量最好的包材原料。设计部门的员工给我起了一个外号叫"包材恐怖分子"，我觉得这是一个褒奖。在我看来，包装本身就是产品的一部分，一个美观、优质、环保的包装，可以在消费者体验产品之前，最大限度地感受到产品的诚意，增加产品的感知价值。

在新商业时代，无论是哪个行业，企业的未来发展都面临着巨大的挑战。如果不及时改变发展方向和发展战略，很快就会在"内卷"中失去继续增长的动力，最终被市场淘汰。我们必须快速找到一条差异化的发展路径，在这个过程中，重构组织结构的底层逻辑十分重要。

3.4.2　人才体系构建思维的重构

业务和战略的调整，需要新组织架构来承载，而新的组织架构则需要专业的人才来填充。换句话说，企业在调整产品、业务和战略的时候，需要根据业务发展的需要重新规划人才模型，由人力资源部门去招聘或者培养对口的人才。

方法不难理解，实际操作起来却并不容易。在很多企业当中，人力资源部门和业务部门、职能部门之间是相对割裂的。什么意思呢？简单来说就是大家都在自己负责的工作上勤勤恳恳、兢兢业业，很少会考虑到其他部门的需要。

企业是一个整体，部门与部门之间不能通力合作会导致很多问题。其中最典型的，就是缺乏沟通造成的组织运作效率低下。

如果人力资源部门和销售业务部门之间缺乏沟通，就会出现这样的情况：人力资源部门按照自己对业务的理解来招聘员工，而销售业务部门需要的是具备另外一种能力的员工，这样一来人力资源部门的招聘工作发挥不了预期的价值，而销售业务部门也很难吸收到合适的人才来充实团队，提升销售业绩。长此以往，组织的运转效率会越来越低，人力资源部门与销售业务部门之间甚至还会因此产生矛盾，互相推诿，导致企业内部组织崩溃。

从当前的市场形势来看，企业之间的竞争越来越激烈，除了要面对同类型企业的攻击之外，还要分担其他行业企业跨界而来的炮火。如果企业没有一个高效的组织，没有高效的执行团队，在对抗的过程中，你的阵势还没有展开，阵地就已经被竞争对手抢走了，即便产品或者服务本身具备强大的优势，也来不及展示在消费者面前。

在这种业务部门与职能部门之间的割裂关系下，企业很难获取合适的、充足的人才来组成更新迭代后的组织架构，更遑论支撑全系统差异化目标的实现了。而这种割裂关系的存在主要是因为传统的人才体系构建逻辑存在问题。

人才的培养是一个复杂的过程，首先，我们需要一个合适的能力模型去筛选人才；然后，我们需要针对新员工的能力模型和其将要参与的工作，进行有针对性的培训，提升他的工作能力；最后，还需要将人才投放到执行团队当中，通过实践检验他的水平。这只是企业内部单独某个人才培养的过程，如果针对不同类型的员工同时进行招聘和培养，人力资源部门的工作难度更大。

企业在重新构建了组织架构设计的逻辑之后，还需要对人才体系构建的底层逻辑进行重构。让各个业务部门与人力资源部门建立紧密的关系，由业务部门根据自己的需要去向人力资源部门提供招聘和培养的人才能力模型，降低人力资源部门工作失误的概率，让招聘和培养流程变得更加顺畅，同时也能提升组织整体运作的效率。

中国地大物博，幅员辽阔，不同地区产业发展的特点也不同。比如东北是农业发达的地区，电子产业最发达的地方则是广东地区。因为产业的相对聚集，高水平人才自然也会向相关产业发达的地区流动，招聘的时候也要考虑这些因素。

酣客在全国各地一共有五个总部，而建立这五个总部的目的，除了利用不同城市的优势因素之外，还有方便人才招聘这个维度的考量。

诚然，对于大多数企业来说，并不需要为了招聘人才专门在某地开设一家分公司。以酣客自身的经验为例，只是告诉大家一个道理，想要招揽到优秀的人才，必须到相关产业发达的地方去。至于如何把人才从他所在的地区吸引到你所在的地区，那就要看企业的决心了。

3.4.3 规模扩张逻辑的重构

在打造全系统差异化的过程中，企业有一个非常重要的任务，就是产品的创新。仅有创新是不够的，独特的产品虽然能够在同质化的市场中凭借自身的特殊性取得追求个性化产品的消费者的青睐，但是当这种创新的产品经过市场验证之后，其他企业很快就会发现商机，然后快速进入模仿和复制的阶段。所以企业还得具备快速扩大生产规模并占据市场份额的能力。

大多数拥有生产业务的传统企业，在生产力规模扩张的路径上，更加倾向于循序渐进的发展逻辑。简单来说就是企业会在原有生产力的基础上，通过增加流水线的方式提升产品的产量。实际上，这种机械性的增长，需要大量的资金储备，而资金的原始积累又需要很长的时间。因此，这种传统的生产力规模扩张逻辑并不适合用来完成全系统差异化。

到底什么样的生产力规模扩张逻辑才是企业需要的呢？在我看来，应该是最简单粗暴，同时也最直接有效的逻辑。

传统的白酒生产企业习惯先积累资金，然后组建工厂，从而实现生产力规模扩张。而我们酣客选择了另外一种扩张逻辑。

酣客产品的独特性毋庸置疑，再加上我们独特的社群化经营模式，早在创业阶段，就已经跑通了自己的商业模式。接下来更严峻的考验就是扩大生产的问题，虽然酣客走的也是重资本路线，但我们没有自己建立酒厂，一方面是因为工程建造的时间很长，我们等不起；另一方面是考虑到酱酒产品的特殊性，即便酒厂顺利落成，到产品出品依然需要很长时间来完成准备工作，我们同样等不起。

我们不是把企业做大做强，然后再扩张出去，而是选择了通过收购的方式，直接获取扩大生产所需的生产力。到2020年，茅台镇前十名的酒厂当中，我们已经收购了三家。也正是因为我们在短时间内就实现了生产力规模的扩张，很快将产品的影响力辐射了出去，所以才能树立自己独特的品牌形象，使得后续出现的仿品无法立足。

其实在前文中我已经提到，现在很多企业之所以会因为同质化竞争而陷入"内卷"，很大程度上是因为产品模仿、复制行为的存在。一个自带热点的创新产品进入市场，想要始终保持自己的独特性，快速扩大规模，占领市场是唯一的途径。

正因如此，我们没有选择传统的机械扩张逻辑，而是通过更加简单直接的方式来提升生产力规模。收购自然不是唯一可以在短时间内增加企业生产力的方法，合作、合伙、甚至外包都是可行的方法，关键是企业要根据自身产品的特性，选择合适的方式。

说到这里，很多人可能会提出一个问题，现在很多企业并没有生产业务，在这种情况下，企业应该如何确保创新产品可以持续保有独特性和竞争力呢？其实道理是相通的，只不过重构的逻辑内容不同。有生产业务的企业，快速扩大生产的目的是提升产品的影响力，而没有生产业务的企业，无须考虑生产的压力，自然就要直接从影响力规模的角度入手，去重构扩张逻辑。

传统的销售型企业，在经营的过程中，在提升影响力规模的问题上，比较依赖天然积累的口碑和品牌形象。生存在移动互联网时代的企业，网络的宣传和营销是不可或缺的新渠道。

我们以国内二手车两大平台 G 平台和 R 平台为例进行说明。虽然 G 平台进入这个市场比 R 平台晚，但是后来居上，成功反超，如今已变成了行业老大。

作为二手车交易平台，其实经营模式非常简单，就是依靠自身的影响力，吸引更多的卖家，然后通过平台的运作降低商品的价格，吸引更多的买家。只要跑通了这个商业模式，买家的数量达到一定规模，就能吸引更多的卖家，从而形成良性循环。

R 平台虽然更早进入市场，但一开始没有选择快速扩大影响力规模的发展逻辑，反而更想要通过周到的服务和良好的质量来吸引用户。虽然 R 平台享受到了行业红利，但发展的速度并没有想象中的那么快。而 G 平台进入市场之后，二手车消费热潮方兴未艾，再加上铺天盖地的广告和营销宣传，很快 G 平台的影响力就超越了 R 平台，占据了市场份额，最后实现了逆袭。

广告宣传只是扩大企业影响力规模的一种方式，在这里我要强调的是扩张逻辑的重构。无论企业选择何种方式，营销活动也好，节目赞助也罢，目的都应该是在最短的时间内实现自身影响力范围的最大化扩张。

3.4.4 技术研发逻辑的重构

在打造全系统差异化的过程中，无论是产品的创新，还是业务和战略的演进，都需要技术在背后支撑。因此，技术研发的逻辑也是企业底层重构中的一个重要内容。

在新商业时代，谁能掌握前沿的技术，谁就能掌握市场先机。今日头条之所以成为当下最热门的资讯平台，就是因为掌握了 AI 智能算法推荐技术；华为之所以能够成为国际上名列前茅的通信设备供应商以及国内手机品牌第一名，同样也是因为在移动通信技术和手机芯片方面的领先。

为了促进技术水平的提升，华为已经聘请了八百多位科学家，组成了各个领域的研究团队。这也从侧面说明了重构企业技术研发的底层逻辑的必要性。说到这里，我又想到了一个非常经典的案例。

苹果公司在 1993 年推出了全世界第一款掌上电脑 Apple Newton，如图 3-7 所示。这款产品具有触控屏幕、红外线、手写输入等功能，相当于一个个人电子秘书。

图 3-7　Apple Newton

毫无疑问，Newton 是一个超前的产品，但是当时的硬件和软件技术水平普遍不高，限制了这款产品的后继发展。短短四年之后，Newton 便因在市场上找不到定位而停产。

案例讲到这里，一定会有人提出疑问：这个案例说的不是价值前凸的事儿吗？这里讲的是底层重构，跟价值前凸有什么关系？没错，单从 Newton 这个产品的失败上来看，就是苹果公司当年的步子迈得太快了，典型的因前凸太快而导致的失败。我在这里讲这个案例是为了引出下面的案例，只有把这两个案例放到一起来讲，才更能突出 3.4 节的主题——底层重构。

相信很多人都曾看过苹果公司的新品发布会，开发布会是苹果公司的惯例。在我的记忆当中,印象最深刻的是 2007 年苹果手机的发布会。

当时乔布斯对大家说,他要发布三个产品,第一个是带有触摸控制的宽屏 iPod,第二个是一个革命性的移动电话,第三个是一个突破性的互联网通信工具。然后这三个产品的图标在大屏幕上开始旋转,最终旋转成为一款新产品——iPhone,如图 3-8 所示。

图 3-8 第一代 iPhone

iPhone 的成功不用我多说了。对比一下 Newton 和 iPhone,我们可以清晰地看出,Newton 之所以失败,就是因为在价值前凸之后,全系统没跟上,也就是底层逻辑构建不完善。而 iPhone 完全不一样,它彻底颠覆了人们对手机的认知,重建了手机的底层逻辑。它让手机不再是一个只能接打电话的工具，而是变成了一个可以上网发邮件、听音乐、享受互联网生活的平台。

在很多中小企业看来，自己只是技术的应用者，而不是开发者。其实，按照克里斯坦森教授的颠覆式创新理论来解释，如果中小企业不进行技术方面的提升，就没有颠覆式创新，而没有颠覆式创新，中小企业很难实现对大企业的超越。

有逆袭的理想是好事，而技术研发依然要量力而行，无论对于处在何种发展阶段的企业来说，生存都是第一要务。只有先活下来，才能去考虑如何活得更好。

3.4.5 业态构建逻辑的重构

我们先要对业态的概念有一个清晰的了解。所谓"业态"，简单来说就是企业业务经营的形式、状态，或者说企业业务在市场上的表现形式。

从这个角度来说，即便是两个相同的业务，在不同的场景下也会形成不同的业态。比如，同样是销售图书，你既可以选择在电商平台上经营网店，也可以在线下开设一家实体书店，还可以上传电子书到知识付费平台上供用户付费阅读。

不过，对于不同类型的业态，发展的趋势和前景也不尽相同。时代在不断地发展，业态也在持续进步，只有符合时代需求、符合消费者认知的新业态，才能促进企业成为同类型业务当中的佼佼者。

面对我们所处的瞬息万变的新商业社会，企业必须重构自己的业态构建逻辑，不再拘泥于过去常规的经营方式，而是根据时代的变化，不断调整业态，从而确保业务保持活力。

说到重构业态构建逻辑，我想到的第一个案例就是阿里巴巴的生鲜零售业务——"盒马鲜生"。原来说起买生鲜，很多人想到的就是去商超或专门的生鲜市场，现在对于国内一二线城市的人来说，很多人首先想到的就是去"盒马鲜生"。

盒马鲜生是一种重构了线下超市的新零售业态，它既是超市，也是餐饮店，还是菜市场。2016年上线后，经过五年的发展，盒马鲜生的线上渗透率已经超过60%，同时在线下也在迅速扩张。截止到2021年2月，盒马鲜生在全国一二线城市的门店数量已经超过232家，其中成立半年以上的门店都实现了盈利，是全国生鲜新零售行业内唯一一个已经实现盈利的品牌。

那么，与传统商超相比，盒马鲜生所代表的新业态究竟有哪些优势呢？

1. 另类的数字化体验

在未来商业领域的发展中，线上线下相结合的模式会逐渐成为主流。其实在很早之前，传统商超也意识到了这点，于是各家都开始上线App，可是效果都不太理想。线上价格如果低于线下实体价格，必定会影响线下实体的销售额。可是如果价格上没有优势，和对手之间又毫无竞争力可言。在这种毫无变化的基础上，盒马鲜生在一二线城市以一种完全不同于传统商超的形式出现。其中数字化，是它与众不同的第一特点。

先来说传统商超,最无特色也最统一的特点就是收银台的支付手段,这种支付方式在节假日的高峰时段很容易造成顾客排长队的情况,结账的时间可能比挑选商品的时间还要长。为应对这种情况,传统商超的做法无非是多开设几个收银窗口。

那么盒马鲜生在这方面是怎么做的呢?他们让消费者可以利用盒马 App 绑定支付宝来进行支付。盒马 App 并不只是为了提供一个线上的支付功能,它是以 App 为中心,推行 O2O 的营销方式,让用户下载盒马 App 并注册会员。通过这样一个流程,盒马鲜生成功地将线下用户变成了线上用户。

就这样,盒马鲜生凭借 App 的线上支付功能,不仅走在了传统商超的前面,同时也实现了培养用户习惯的目的:在盒马 App 上进行高频次消费。另外,盒马鲜生数字化的体验在其他细节上也有明显的体现。

消费者在餐饮区点餐之后,可以在盒马鲜生里闲逛打发等待的时间,等到点的餐做好时,盒马 App 会自动提醒。从另一个角度来看,这也是盒马 App 利用点餐抓住了消费者和盒马之间线上的接触点。

盒马鲜生里还设置了很多自动贩卖机。里面售卖的商品不仅品类丰富,连付款体验也很便捷,只需要出示盒马鲜生 App 里的付款码就可以了。另外,用户还可以通过线上预定的方式购买自己想要的小众产品,而对于盒马鲜生来说,这样就可以根据用户购买的数量进行定量采购,避免库存积压。

盒马鲜生的每一个商品上面都贴着 App 可识别的条形码。这样做可以让消费者和盒马鲜生双方都得到很大的实惠。为什么这么说呢？当消费者在实体店想要购买某件商品却不方便带回时，就可以扫描商品的条形码在线上下单，配送小哥 30 分钟内就能把商品送到家。

2. 品类重组，让用户拥有新体验

在很多一线城市，即便是大型的连锁商超，在海鲜这一块也很难做到品类齐全。一般来说，国外不常见的海鲜都是冷冻的，只有国内常见品类才是鲜活的。盒马鲜生在此基础上进行反面策略，利用新鲜来吸引用户。

（1）引进小众品类

一般太大众的品类，在一定程度上都不够吸引人，盒马鲜生将一些并不太常见的小众品类引进门店。比如说，帝王蟹在传统的商超里很难买到，即使有货也通常是切割后的冷冻产品，而在盒马鲜生却能买到鲜活的帝王蟹。

当我在盒马鲜生看到鲜活的帝王蟹时，不禁在想：即便因为价格昂贵没人买，至少对于盒马鲜生来说话题热度也够了。

（2）产品的新鲜度

盒马鲜生里不仅产品很新鲜，配送时间也短，从线上下单到配送到家 30 分钟，完全能够满足用户对生鲜鲜活度的高要求。

海鲜是这样，蔬菜也是这样。盒马鲜生与全国多家合作社、

生产基地对接，通过产地直采的方式省去中间商环节，价格比传统市场、传统商超便宜，少了一段运输时间更加保证蔬菜的新鲜度。

（3）包装灵活

和传统商超不同，盒马鲜生的蔬菜包装以小份量为主，一份大概就是一盘菜的量，这在很大程度上为消费者避免了因买得过多而浪费的问题。

3. 鲜明特色的场景体验

在传统商超的线下实体店中，商品的摆放大都中规中矩，虽然整体面积大，但毫无新意。盒马鲜生采用的则是场景化的摆放方式。什么叫场景化呢？

你有没有去过类似集市、夜市这样的地方？集市会有具体的消费主题，在"吃+玩"体验的基础上创新升级消费者的亲身体验。盒马鲜生就是在以"逛集市"的概念布局线下实体店。

当顾客进入水产消费区的"吃海鲜"消费主题区域时，可以让店员帮忙在水产区直接打捞海鲜，让现场的透明厨房加工成美食直接享用。

除了海鲜以外，与之相关的啤酒、烧烤也都在"吃海鲜"消费主题里并存，消费者可以像逛夜市一样随点随吃，消费体验非常好。

总之盒马鲜生已经让大多数用户产生了固定印象，在这里不仅能吃得开心，连普通的闲逛都非常有意思。

4. 极速的配送体验

和传统商超到店选购、结账离店的模式不同，盒马鲜生支持线上下单，然后门店的配送人员会将产品快速配送到消费者家中。盒马鲜生承诺，三公里内的订单，保证30分钟以内送达。为此，盒马在经营上采用了店仓合一的模式，有效减少产品调配所需的时间，同时也借助母品牌阿里巴巴强大的物流实力，组建了高效专业的配送团队和配送系统，保证产品运送的效率。

5. 传统商超没有的情感体验

在大多数人的想法里，去超市无非就是购买商品，但是盒马鲜生可以让消费者体验到购物之外的乐趣，比如获得更好的情感体验。那么盒马鲜生是怎么做的呢？

为了拉近与消费者的距离，盒马鲜生设计了自己的吉祥物——一只可爱的小河马。小河马以蓝色为底色，加了点跳跃、俏皮的红色，不仅简约、时尚，而且可爱又国际化。

在线下实体店，这只蓝色的小河马经常会和消费者进行互动。特别是有推广活动的时候，活泼的小河马不仅让前来的小朋友觉得亲切，也让大人感受到了久违的童趣。就这样，盒马鲜生利用这个吉祥物给消费者植入了一种记忆：一想到盒马鲜生，里面除了有高品质的生鲜产品，还有很多属于个人的温暖记忆。

其实我们回过头来看盒马鲜生的业态变化，强调数字化运营、产品,服务多样化、场景化体验、快捷的配送体验、温暖的情感体验,这些都是在迎合时代的特点和消费者的需求。

这就是业态构建逻辑的应有的特性,相对于企业一直扎根的主营业务来说,业态的调整相对容易,却能够起到适应市场、充分发挥自身差异性的作用。

3.5 外部思维引领:打破执念,冲破"内卷"

《三体》中有一个著名的"黑暗森林法则":宇宙是一个黑暗森林,每一个文明都是一个带枪的猎人。如果想要生存下去,就不能被别人发现。如果发现了别的生命,能做的只有开枪消灭对方,可是一开枪就会被别人发现,暴露位置,从而成为别人的"猎物"。

在这座黑暗森林里,有高等文明,也有低等文明,低等文明要生存,高等文明也要生存。当某一个高等文明想要侵略某个低等文明的时候,低等文明就会利用"黑暗森林法则"来要挟这个高等文明:如果你侵略我,你就会被比你更高级的文明发现,然后同样遭遇被侵略的命运。

在《三体》中,低等文明就是依靠"黑暗森林法则"来保护自己的,这是对外部思维的利用,也是"反内卷"的一个非常重要的方法。

在之前的内容中,我们曾经说过,无论"内卷"的表现形式如何,归根结底都是人们自身的思维狭隘、封闭所导致的。如果我们再往深处思考，就会发现，在狭隘和封闭的背后，是内部思维在作祟。

举个例子，在娱乐圈当中有一种很特殊的现象，明星的粉丝会主动聚合成一个团体，去支持和维护自己的偶像，通常我们把这种现象称为"饭圈文化"。在平时，"饭圈"当中粉丝们只是积极主动地与偶像互动。可一旦自己喜欢的明星被爆出某些负面新闻，粉丝们就会闻风而动，到各大互联网社交平台去支持、维护自己的偶像，甚至会通过恶意打击、抹黑别人的方式来转移公众注意力。即使最后负面新闻得到了官方的证实，粉丝们还是会坚持不懈地去为偶像"洗白"。

这其实就是典型的内部思维，因为你喜欢一个人，觉得他（她）是完美的，所以即便他（她）犯了错，也不允许任何人说一句坏话，即便错误非常严重，也是可以原谅的。站在第三方的角度来说，犯错就是犯错，无论怎么洗白都无法更改事实。

同样的道理，当朋友和你谈论某种类型的产品时，你会下意识地推荐自己常用或者比较喜欢的品牌。朋友和你的消费水平、消费观念其实并不一定相同，你能够接受并且非常喜欢的东西，未必适合对方，也未必是对方喜欢的类型。

无论是工作，还是生活，在内部思维的影响下，我们常常会做出一些错误的判断和选择。而在错误的判断和选择的基础上，我们会在很多无意义的事上耗费大量的时间，最终在"内卷"的旋涡中自我消耗。那么，我们应该如何打破内部思维的限制，利用外部思维来冲破"内卷"呢？

3.5.1　因为执着，所以思维内化

在讲解具体的方法之前，我们必须先明确人们的内部思维究竟是如何产生的，只有了解了问题的根源，才有彻底根除的可能。

在我看来，是人类自己的执着导致了思维内化。道理很简单，人的注意力是有限的，当我们执着于某件事情，将所有的注意力都集中在这件事情上时，自然会忽略很多外部因素的影响。

很多企业在设计产品和营销方案的时候，都是从主观出发去揣测消费者的喜好和需求。企业的想法，很多时候不能代表广大消费者的意愿。而且，从心理层面来说，产品相当于企业的"孩子"，企业常常只看得到产品好的一面，忽略它存在问题的地方。

举个例子，在随身听出现之前，人们想要听音乐只能购买磁带，通过录音机播放。录音机的体积较大，不方便携带，这一点大大限制了人们享受音乐的自由。因此，当既能播放歌曲又能随身携带的随身听出现时，虽然价格昂贵，却依然得到了消费者的青睐。伴随着这个产品风靡全国的还有一个品牌，那就是索尼（SONY）。

虽然从时间线来看，随身听在国内开始流行是在20世纪90年代，但早在1980年，荷兰的菲利浦公司和日本的索尼公司就已经联合开发出了更优质的声音文件存储介质，也就是CD（小型镭射盘）数字光碟。相对于磁带来说，CD能够存储的声音文件更多，更加耐用，而且音质更好。

虽然CD的优点非常突出，但索尼早期推出的CD随身听并没有得到市场的认可，为什么呢？这是因为，在设计产品的时候，索尼虽然意识到了随身听产品小型化、轻薄化的未来趋势，也考虑到了CD这种全新存储介质的优势，但是忽略了从外部消费者的角度去思考问题。要知道，磁带和CD的价格是完全不同的，虽然CD随身听有很多优点，但仅凭价格上的劣势，就足以劝退当时的大多数消费者。

不可否认，CD是比磁带更优质的存储介质，但从产品设计的角度来说，索尼过分执着于自己的技术优势，忽略了消费者真实的需求，陷入了内部思维的陷阱当中。

执着本身并不是一件坏事，尤其是当我们做出了某种正确但不被公众认可的选择的时候，内心的执着可以让我们将这种正确的事情坚持做下去。

当初，我的朋友和家人在知道我要创办一家酒企之后，纷纷提出了反对意见。最后我坚持了自己的想法，才有了今天的酩客。公司成立之后，因为对酒这个行业的热爱，以及对极致产品的执着，我做了很多"吃力不讨好"的事情。

比如，为了追求极致的产品，我们恢复了古法制曲的工艺，降低了产品出品的频率；为了更好地保护产品，体现产品的价值，我一直要求设计团队不计成本，使用最好的原材料，每一个细节都要做到极致。酩客的这些举措，在大多数同行眼中都是得不偿失的事情。降低产品产量，提升生产成本，意味着企业能够获取的收益也会减少。

虽然这些经营道理我都明白，但我对极致产品的执着，不允许我为获得更多利益而做盲目压缩成本的事情。也正是因为这种执着，酣客才能够在盲品评测中超越很多顶尖酱酒品牌。

作为企业的经营者，可以执着，前提是执着的事情必须是正确的。如果过分固执，对某些内容极度看重，可能会失去对事物进行整体判断的能力。如果在一些错误的事情上坚持己见，那么对于企业或者个人的发展而言，非但没有积极的促进作用，反而会产生不利的影响，让企业或者个人在"内卷"的旋涡中越陷越深，无法脱身。

1999年，微软公司凭借Windows操作系统取得了6000多亿美元的巅峰市值。但在那之后的十多年，坚持单一业务线经营模式的微软一直未能再有突破。虽然鲍尔默从比尔·盖茨手中接过CEO的职位后推出了一些新业务，但他的革新并没有改变微软人的执念，这些业务依然是围绕Windows操作系统来设计的。直到2014年，纳德拉临危受命，接替鲍尔默成为微软的CEO，才开始真正扭转微软市值不断下降的颓势，帮助微软重回巅峰。

同样是业务变革，为什么鲍尔默以失败收场，纳德拉却能够取得成功呢？原因很简单，纳德拉上任之后的第一件事就是打破微软内部员工对Windows操作系统的依赖，通过调整微软的企业文化，成功解放了思想。

对Windows系统的执念被打破之后，纳德拉将很多和Windows操作系统无关的新业务提上了日程，包括之后帮助微软重回巅峰的云计算技术。纳德拉的改革实施之后，虽然Windows

操作系统业务的盈利情况并没有得到太大的改善，但其他新业务的蓬勃发展帮助微软实现了二次崛起，到 2017 年，微软就已经恢复了当年巅峰时期的 6000 亿美元市值。

其实在现实当中，像微软一样的公司有很多，可成功通过变革挽救自己的却少之又少。在过去成功经验的影响下，经营者会形成某种固定的思维模式，即便外部环境、市场趋势发生了变化，也很难改变他们的想法。在这种执念的影响下，企业只能一条路走到黑，在"内卷"的困局中越陷越深。

3.5.2　外部思维，打破执念

之前在和很多企业经营者沟通的时候，我发现他们分析企业发展问题、制订发展战略时，总是喜欢从财务报表入手，通过分析数据得出结论。在他们看来，数据是不会说谎的。而实际上，数据虽然不会说谎，但能够展示的内容也非常有限。

假设财务报表中显示企业某种产品的销量一直不见起色，其背后原因究竟是什么？是产品本身的质量不过关，无法取得市场和消费者的认可？还是这种产品类型已经被市场淘汰，和产品本身质量无关呢？

很显然，企业的财务报表只能告诉我们公司内部存在某种现象，并不能展现现象背后的原因，无法告知具体哪里出了问题。如果企业仅根据财务报表分析发展问题，制订发展战略，其结果可想而知，大概率会偏离正确的答案。

更可怕的是，受到内部思维影响的人，很难意识到自己的认知是错误的，即便受到能看透本质的"旁观者"的劝导，也会固执地认为自己是正确的。这也是内部思维容易导致"内卷"的主要原因。

那么，面对危害如此之大的内部思维，我们应该如何打破执念，冲破"内卷"，实现企业和个人的持续发展呢？方法很简单，既然从内部出发容易陷入"内卷"当中，那么解决之道自然就是从外部入手，通过客观分析，纠正执念和内部思维。

其实现在有很多企业已经开始通过外部思维的引领打破了内部思维的限制，取得了不错的发展成绩。比如，传统零售业的主要经营逻辑是通过扩张线下门店数量实现利益的增长，随着移动互联网时代的到来，社区团购行业飞速崛起，传统零售行业的发展遭受了前所未有的打击。

在这种不可逆的潮流和趋势面前，有的企业选择了顺应潮流变化，通过互联网化成功实现转型。京津冀地区知名的连锁超市品牌W，早在2015年就开发上线了自己的移动端应用——"D点"。消费者可以通过App下单购买产品，门店会安排配送人员送货上门。W的这次变革，不只顺应了移动互联网时代市场发展的潮流，同时也借鉴了外卖行业的成功经验，最终实现了业绩提升。

同样和W一样开始向在线化和网络化转变的传统零售品牌还有很多，尤其是在2020年冬季，Y、S等传统的连锁零售品牌纷纷推出了自己的App。而那些对传统线下零售模式抱有执念，依然坚持传统经营逻辑的企业，经营的局限性越来越大，离退出市场也越来越近。

企业作为市场的一份子，自然不能脱离生态而生存。根据外部的市场信息，我们可以更准确地分析行业的变化趋势，掌握市场动态，从而改变固有认知，打破内部思维对认知的限制，帮助企业更好、更准确地找到合适的发展路径。

所谓的外部信息，不仅指市场发展的趋势或者时代变迁的方向，其他行业、其他企业的发展经验或者教训，同样也可以作为我们的外部参考信息。

"年轻人都爱逛"的生活好物集合店 M 成立于 2013 年，只用了 7 年的时间，就成功在纽交所上市。中国连锁零售品牌有很多，其中很多都在 M 之前就进入了市场，为什么 M 可以后来居上呢？

经过一系列的研究，我发现该品牌在发展的过程中非常擅长使用外部思维来解决内部的问题。比如在发展的初始阶段，为了扩大知名度，吸引更多的消费者，M 借鉴了很多前辈的成功经验。

当时在国内，日式简约风格的产品非常受消费者青睐。M 在设计早期店铺的装修风格以及选品方面，都借鉴了日本零售品牌的经验。为此，该品牌的创始人还特意找了日本设计师作为联合创始人。

之后，在企业发展的过程中，M 借鉴了美国最大的连锁会员制仓储量贩店 Costco（开市客）的经营理念，确定了自己"三高三低"的经营模式。所谓"三高三低",简单来说就是高效率、高科技、高品质,以及低成本、低毛利、低价格。凭借极致的性价比,M一骑绝尘,将很多先行者甩到了身后,赢得了资本市场的青睐,最终取得了七年上市的优秀成绩。

除了借鉴成功的经验,我们还可以从其他企业失败的案例中吸取教训。

比如,当前在智能手机市场上,全面屏已经成为一种潮流。对于如何实现全面屏,每家企业都有自己的考量。

目前市场上常见的全面屏手机有三种:第一种是挖孔式,也就是在屏幕的边角通过挖孔的方式将摄像头隐藏于其中,以尽量减少其对屏幕的占用;第二种是水滴式,和挖孔式类似,不同之处在于前者的摄像头隐藏在中间,而后者是隐藏在手机上端左右两侧;第三种是升降式,用一个可升降的平台来承载手机的摄像头。除了这三种,还有小米曾经使用磁悬浮滑动式摄像头,以及最近刚刚面世的屏下隐藏式摄像头等全面屏实现方式。

在所有的方法当中,最不被国内手机厂商接受的,就是苹果最初使用的"刘海屏"模式。当初苹果在针对iPhone X型号的产品进行宣传时,重点强调了新产品使用了全面屏技术,引起了消费者广泛的好奇心。而产品面世之后,却让人大失所望,在屏幕上端中部位置居然还有一块梯形的挖孔,面积大到了影响人们观看视频内容的程度,成为消费者普遍吐槽的对象。

通过这件事,国内的手机厂商也敏锐地意识到,这种"刘海屏"不符合国内消费者的审美,因此在后续设计产品的时候,大家非常默契地避开了这种方式。

其实在企业外部，有很多信息可以帮助我们正确认识市场的趋势，找到未来发展的道路。关键就在于，你能否意识到外部思维的重要性，接纳这些外部思想，并改变自己的思维模式。如果能够接受外部思维的引领，就有可能成为一个客观的人；如果还是沉浸在原来的内部思维当中，就依然逃不出"内卷"的宿命。

3.5.3 换位思考，生活更美好

在前面的内容里，我们讲了很多关于内部思维影响企业发展的内容，实际上，在我们的生活中，因为内部思维而导致"内卷"的案例比比皆是。

举一个直观的案例，大多数父母都觉得孩子在到达一定年龄之后，结婚生子是必须的。很少有父母愿意站在孩子的角度思考现在结婚生子是否适合他们。

就我对身边很多人到中年的家长朋友的观察，大多数父母都觉得自己人生经验丰富，而且普遍愿意用自己的经验来指导孩子的人生，想要让孩子少走弯路。关键的问题是，孩子们生活的现代社会和父母当时成长的环境已大不同。随着科技的不断发展，世界正在飞速变化，过去的经验在如今的时代早已失去了效力。如果父母还是用原来的老传统、老观念去束缚孩子，那么得到的只能是无意义的争吵。

其实父母如果可以解放自己的思想，放开眼界，去吸收一些外部信息，就不难发现，所谓的婚姻幸福并不在时间的早晚，仓促

的婚姻反而有可能造成不良的影响。就像我们在之前提到的一组数据，在 2020 年，国内离婚率高达 39.33%。如果父母了解了这组数据，还会急迫地催促孩子尽早结婚吗？我相信即便不是所有的父母，其中的一部分也会放下催婚的念头。这就是外部思维的作用。

相对于企业经营场景下的外部思维引领，生活场景下引入外部思维会更加容易实现。因为不需要花费大量的时间去收集外部数据，也不需要运用缜密的逻辑思维从数据中推导出分析结果，一个简单的换位思考就足以解决生活中的一些矛盾或者问题。说到这里，我想到了之前看到的一个故事。

现代成功学大师、励志书作家拿破仑·希尔想要为自己招募一个秘书。作为曾经影响两代美国人的励志大师，希尔在美国堪称家喻户晓，招聘的信息一经发布，就得到了广泛的响应。然而，受限于当时的条件，求职者只能将自己的简历以书信的方式寄到希尔家中，等待希尔的回复。

虽然接到了大量的简历，但希尔始终没有找到自己需要的人才，因为大多数人的简历千篇一律，缺乏新意，不符合他对理想的秘书人选的界定。正当他想要放弃这次招聘的时候，一封迟到的信件引起了希尔的注意。

信的内容是这么写的："您所刊登的广告一定会引来成百乃至上千封求职信，我相信您的工作一定特别繁忙，根本没有足够的时间认真阅读。因此，您只需轻轻拨一下这个电话，我很乐意过来帮助您整理信件，以节省您宝贵的时间。您丝毫不必怀疑我的工作能力与质量，因为我已经有十五年的秘书工作经验。"

这位求职者是个女孩,她没有像其他人一样想要通过介绍能力和展示决心来打动希尔,而是换位思考,站在希尔的角度,考虑到了他现在正在面临的问题,并提出了有效的解决方案。女孩的能力毋庸置疑,十五年的工作经验足以说明很多问题,真正打动希尔并让她获得这份工作的,是善于换位思考的思维模式。

后来,希尔在很多场合都和人们分享过这个故事,他说:"懂得换位思考,能真正站在他人的立场上看待问题、考虑问题,并能切实帮助他人解决问题,这个世界就是你的。"

在生活当中,人与人之间之所以会产生矛盾,发生冲突,最重要的原因就是双方对同一样事物的看法不同。在这个时候,如果我们可以换位思考一下,站在别人的角度去看待自己的选择,或许就能有效地解决问题。

3.5.4　内部思维并非一无是处

虽然因为内部思维,很多时候我们的想法会陷入"内卷"的陷阱当中,但内部思维也并非一无是处,在某些场景下还是具有一些积极作用的。

从本质上来说,内部思维就是人的主观意识占据了思维的主导。当我们需要对外界做出客观、准确判断的时候,完全主观的思维模式会蒙蔽我们的双眼,让我们看不清现实和未来,从而陷入"内卷"当中。我们在解决一些特殊问题的时候,也需要主动关闭客观、公正的理性思维,用感性主导的内部思维进行处理。

举个例子,当妻子因为某些小事儿跟你生气的时候,你需要做的不是跟她客观地摆事实、讲道理，更不需要旁征博引地来论证这件事情究竟谁对谁错，而是等对方冷静下来之后再继续沟通。当双方的气消了，这件小事也就过去了。

从这个角度来说，内部思维虽然会产生很多问题，却是解决内部问题的有效途径。这个原理在企业经营的场景中也同样适用。

在创业的初始阶段，经营者的想法刚刚落地，既缺乏经验，又缺少资金，自然会遇到各种各样的阻碍和困境。在这种情况下，相对于思前想后、犹豫不决，企业的经营者更应该充分发挥主观能动性，快速将业务推进下去。然后再根据市场反馈的结果，衡量商业模式是否存在问题。在这个阶段，企业最重要的任务是成功地在市场站稳脚跟。思考得越多，引进的外部信息越复杂，工作进展就越慢。而一定程度上放弃外部因素的影响，单纯凭借经营者内心的理想和勇气，反而更容易让企业的发展脚步快起来。

内部思维并不是一无是处，在很多不涉及对错的问题上，内部思维可以更好地利用人们的感性思维，充分调动主观能动性，解决很多问题。不过，内部思维容易导致人们陷入"内卷"陷阱的特性依然存在，在利用内部思维的同时，我们也要充分考虑到外部因素的引领作用。

3.6　手段新鲜化：新时代要用新思维获得新红利

为什么很多企业已经了解到"内卷"浪潮袭来，也明白创新是冲破"内卷"最有效的途径，可还是不可避免地陷入"内卷"

当中了呢？原因很简单，那就是思维的狭隘与浅薄，他们所认为的创新，和大多数人所认为的创新，并没有明显的区别。

这种问题在传统企业当中尤为常见，虽然大多数始终在传统行业打拼的企业已经意识到了创新的重要性，但它们的创新普遍不得其法。比如，很多房地产公司虽然在营销宣传方面已经做出了一定程度的创新，但仍停留在形式层面，简单来说就是过去通过地推广告的方式做宣传，现在是通过在网络平台上发广告的方式做宣传，平台虽然更新了，但广告的内核并没有发生转变。这种形式主义的创新，就是"新瓶装旧酒"。

其实在过去信息不对称的时代，"新瓶装旧酒"是一种有效的创新方法，虽然只是表面的、形式上的创新，但能够引起消费者的注意。可是现在，通过网络，消费者可以清晰地了解产品相关的细节，"换汤不换药"的营销方式已经无法激发他们的热情，企业需要更加新鲜的宣传手段。

接下来，我从产品设计、营销手段和运营模式三个方面介绍如何利用新鲜化的手段让传统企业在新时代挣脱"内卷"，获得新红利。

3.6.1 产品设计新鲜化：不要小看任何一颗草莓

想要在行业里不受"内卷"的影响，最直接的方法就是从以前的向内竞争转变成向外发展。还是以传统企业为例，在生产力普遍提升的基础上，大多数企业都能打造出优质的产品。在这种情况下，传统企业就应该放弃内部竞争的思路，从外部入手，寻找质量之外企业可以提升产品竞争力的方式。比如，企业可以利用提高产品设计的新鲜化来区别于其他企业的产品；组建年轻团队，收集市场上流行的最新元素或思维，为产品设计出迎合当下市场的附加属性。

人类是视觉动物，在两个同样的产品里，人们通常会选择包装更好看的那一个。就像一块普通的三角蛋糕上面，如果有一颗恰到好处的草莓，更有可能吸引顾客。由此可见，产品的附加属性往往可以提升产品整体的价值。

1. 产品的包装设计

产品包装也是产品价值的重要组成部分，然而很多企业把注意力都集中在产品设计上。比如大家都想做好酱酒，就都围绕赤水河的水、红缨糯高粱等主要原材料想办法，往往忽视了其他附加属性的价值。

现在市面上的白酒，多以透明玻璃瓶、陶瓷品，甚至塑料瓶为容器。这种设计不仅让产品太过单一，还毫无品牌特色可言。而酣客另辟蹊径，选择了与其他白酒包装区别明显的设计。

2021年1月，在以"奋斗"为主题的酣客2021新春第一会上，酣客将极具人气的素面半月坛进行了产品升级，如图3-9所示。

这次升级的不只是外观，半月坛的哲学意义也进一步得到升华。升级版半月坛的寓意为：一半是空，一半是满。心空一半，才能承载大象万千。半月坛艺术酱酒，致敬人生每一半。配有"北斗七星盏"酒具，寓意循着北斗星，找到回家路。

图 3-9 酣客升级版半月坛

除了升级了半月坛,这次大会上酣客还重磅推出了首款奢侈品酱酒——酣客酱酒经典版,简称人脸瓶,如图 3-10 所示。

图 3-10 2021 年 1 月酣客推出的人脸瓶

酣客除了对酒瓶的设计别出心裁以外，在装酒瓶的整体包装上也有突破性的创新。据我所知，现在市面上的大部分酒企都是用类似绸缎的黄色布料和泡沫组合填充产品包装，可这两种物料不仅老套，还不环保。

酣客采用可回收类材料进行包装上的改革创新。产品包装涉及的瓶盖和瓶塞，也全部选用食品接触级的塑料制作而成。产品的托架以及纸浆托采用的是生物降解材质。包括我刚才提到的人脸瓶，在瓶盖、瓶塞以及托架等包材的制造上，使用的也是完全可降解的环保材质。

另外，酣客在设计盛装酒瓶的木箱时，设计初衷也不是为了单纯的包装，而是想做一个小型的可移动式实木酒窖。这个实木酒窖的原料是含水量低、不易变形的桐木，用它窖藏酱酒，不仅经久耐放，再往里面放上酒糟之后，还会在木箱内形成一个很好的小型微生物生长环境。酒瓶装在盛有酒糟的木箱里，消费者拿到之后也能了解到真实的酿酒原料是什么样子的。

酣客运用新鲜化的手段推出的不同于其他酒企的包装，也是让酣客能受消费者欢迎的原因。

2. 产品的款式设计

除了产品的包装以外，产品的款式设计也可以作为手段新鲜化的切入点。

网红 Z 雪糕还原东方美学，利用正流行的"国潮"元素设计出了一款品牌辨识度极高的"中式"雪糕。

Z 品牌的雪糕形状独特，外观是非常有特色的瓦片状和回字纹，如此高的辨识度直接切断了跟风模仿者的后路，为消费者植入"中式"雪糕引领者等同于 Z 品牌的记忆。总的来说，Z 品牌确实在产品的款式设计上做到了行业创新。

而且，Z 品牌一方面利用优质的原料不断创新，丰富口味，提高产品品质，让年轻人认可 Z 品牌的宣传语"你一出现，此前种种皆属平凡"，另一方面则不断通过社交平台推出不同的试吃方式，让自己的知名度得以迅速扩大。

正是因为 Z 品牌在款式上不同于一般雪糕，这种充满新意的创新才能让它的某一款产品卖出了 66 元一支的天价。在 2020 年的天猫"双十一"期间，Z 品牌的雪糕仅用了一小时，销售额就突破了 300 万元，最终在活动当天冰品类目里的整体销售额排到了第一位。

3. 产品的口味设计

除了产品的包装、款式，产品的口味设计也能给企业带来新的出路。

在近些年的创业者中，我最欣赏的就是知名茶饮 X 品牌的创始人。从他创建的品牌表现就能看出来，他脑子里有非常奇特的创意。

多数传统的奶茶饮品店里，产品的种类比较单一，除了原味奶茶，就是一些不同口味的果味奶茶。

X 品牌的奶茶和传统奶茶的不同之处就在于，它最开始就以

"新"取胜。在到处都是同质化的奶茶品类里,一杯口味新颖的芝士奶茶横空出世。而且,虽然 X 品牌一开始就有别于其他人,但是在它之后的稳步发展中,并没有满足于此,而是随着茶饮版图不断扩张,店铺内的产品种类也都跟着不断更新迭代。

这种别人从没有过的原创新口味的新鲜化手段,让 X 品牌突破了已经"内卷"竞争的奶茶圈子,它自己不仅向外发展,开创了新茶饮时代,还勾起人们的猎奇心理,引领了一股非同凡响的"排队文化",成功将消费者的好奇心变为订单。

3.6.2 营销手段新鲜化:真正的改变是颠覆

为什么说营销手段很重要?因为在信息化时代,无论是企业还是个人,获得信息的渠道数不胜数,各类信息的交流变得快速且透明,明明只是一分钟之前发生的事情,在一分钟之后就已经传遍了全网。

在信息传播速度如此快的时代,企业要打的第一仗就是宣传,目标是让别人知道你。有的传统企业也可能会说:我的营销手段和别人不一样,我有自我创新。那我只能这样来回答:企业在营销手段上做些简单的创新很容易,你更应该思考的是如何在简单创新的基础上做到突破和颠覆。如今所谓的创新都太常规了,没有做到真正意义上的新鲜化。

1. 寻找业内前所未有的营销模式

常规的营销手段有很多,比如广告投入、宣传手册等,这些可以说毫无新意。那么,什么才是新鲜化的营销手段呢?

说起封测这个词，大家的第一印象肯定是网络游戏在开放注册之前的内部测试，有的人还会想到科创企业在新产品出厂之前进行的封闭测试，我相信绝对没有人会想到，酱酒行业也是可以进行封测的。

酣客封测，就是我们首创的、能检验酱酒品质的一系列步骤，我们用游戏的方式让消费者亲身体验酒的品质。最基础的检验步骤现在有六步：拉酒线、看酒花、烧裸体酒、水检法、看挂杯、验酒机。

第一步，拉酒线：手握住酒瓶，瓶口对准酒杯，随着酒液流出稳稳地将酒瓶抬高，这个时候你就能看到一条细细的酒线。只有上乘酱酒的酒线才能拉得又细又长。

第二步，看酒花：随着拉酒线结束，酒液表面会产生密集泡沫状的酒花。真正的好酒的酒花齐如丰巢，细如小米。

第三步，烧裸体酒（火检法）：取一个耐烧的器皿，如烧杯或常见的陶瓷餐碟。把酣客酱酒倒入其中，随即点燃，等酒充分燃烧之后火也灭了，剩在器皿里的就是裸体酒。这时看到酒液浑浊，说明这个酒是纯粮所做。你再去细细品尝一下，可以体验到先酸再涩最后回甘的丰富层次。

第四步，水检法：往酒杯中倒入与酒同量的凉白开，和烧裸体酒一样，如果酒体浑浊，就表示杯里的是纯粮好酒。

第五步，看挂杯：将少量酱酒倒入玻璃杯中，轻轻摇晃，酱酒会在酒杯壁留下酒痕。

第六步，验酒机：先往冷凝器中加冷水，然后在电热锅中加入酱酒，盖上盖子并在出酒口放好容器，按下电源等待一分钟即可验出酒的品质。

酣客封测首创的拉酒线能鉴别酱酒的老熟度，看酒花能鉴别酱酒的酯化度，烧裸体酒和水检法能鉴别是不是纯粮酒，看挂杯的酒痕能检验酱酒品质，最后的验酒机用上 100ml 的酱酒蒸馏出 53ml 的高纯度酒，闻着味道让人感受舒服自然，喝起来也是很清爽、很舒适。除了这几种，酣客还有听酒、问风、问手、问酒杯、问舌头等检验方法。

我在这里简述的六个基本方法，除了能说明酣客酱酒不怕被检验，更多的是想让读者知道，营销不止宣传和广告，还可以通过测试或者游戏的方式进行。

2. 不是贩卖产品，而是销售价值

在我看来，说得再多，也不如让消费者自己亲自上手试一试更有说服力。酣客封测就是为了让消费者自己去体验品质和口感。他们自己把酱酒仔细"掰开了揉碎了"试过之后，对于什么是纯粮酒，什么是化学勾兑酒，也能很清晰地分辨出来了。

通过有价值的营销方式，得到的真实回馈，才是最客观的。这就是酣客利用封测创造出来的价值：目的绝对不是吹嘘酒有多好，而是想让你以后自己也能鉴别出酱酒的好坏，不会轻易被劣质酒骗到。

作为企业，在运用新鲜化的营销手段改变自己时，也不要忘

记赋予这种手段价值。比如酣客的封测活动，除了教育市场和营销宣传之外，还有充分的教育意义，参加活动的消费者可以从中学到很多品鉴的知识和技能。

3. 教育市场也可以润物无声

想要营销手段新鲜化，还可以在教育市场的手段上进行创新。过去传统企业教育市场，都是去电视台做广告。只要做了广告就万无一失了吗？就能保证产品有销量了吗？也不见得，在20世纪90年代，就有这么一个很典型的例子。

在1995年和1996年，白酒品牌Q分别以6666万元、3.212 118亿元的天价两次夺得央视黄金档的广告标王。

确实，在电视台投放广告曾一度给该品牌带来很高的知名度，年销售额也有明显的增长。巨额的广告费同时也给企业造成了严重的负担，特别是在20世纪90年代，一个县级企业花出去上亿元的广告费，也只是让噱头更大了而已。Q品牌最后破产虽然有其他因素，但是不能否认，投入天价的广告费却没有收回成本也是加速破产的关键原因之一。

后来，服装品牌H和保健品品牌N也加入黄金时段滚动播放广告之列，同样也是花出去了上亿元的广告费，而巨额广告费带动的销量却不尽如人意。到了数字化时代，年轻人早就不看电视了，靠电视广告做宣传的营销手段已经过时了。

如果企业拿年收益的百分之五十或更多投在广告上，那对于这家企业来说就有一个很大的弊端：时间跨度大，投资额度也大。在新的时代，我们需要的是更新鲜的营销手段。

如今，各类消费信贷产品已经渗透人们的日常生活和工作当中，当初为了让用户接受这种支付方式，各大平台都付出了很多努力。比如，Z平台就设计出了一种非常有效且有趣的营销手段，那就是购物红包。

如果消费者结账的时候使用Z平台的信贷产品来支付，可以随机获得几块钱、十几块钱的抵扣红包。支付红包的金额会逐次递减，直到最后没有优惠。可是这个时候用户已经和这款信贷产品产生了黏性，他们习惯了使用这款产品，因此即便最后用户不再享受抵扣红包了，也已经转化为忠实用户了。

没有铺天盖地的宣传，也没有轰轰烈烈的营销活动，凭借这种额度不高，却能够悄悄改变人们消费习惯的手段，Z平台的信贷产品成功占领了用户的心智。受到Z平台的启发，之后很多企业在教育市场的时候都采用了赠送红包的方式，效果也都非常不错。

3.6.3 运营模式新鲜化：找到突破点才能真无敌

随着移动互联网时代的到来，新商业时代也如期而至。面对"唯一不变的就是变化"的市场环境，如果传统企业还是一成不变，继续在原有行业里埋头深耕，为行业的"内卷"提供养分，很快就会在同质化竞争的旋涡中越陷越深，最终很有可能被市场抛弃。

面对全新的时代，传统企业应该做些什么呢？在我看来，我们应该使用新鲜化的手段抓住一个能突破自我的点，要让企业能通过这个突破点和新时代碰撞。这个碰撞，不仅要迸发最大价值的火花，还要能冲破整个行业、甚至是整个社会的"内卷"。

那么问题来了，企业要抓住的这个突破点究竟是什么呢？是产品设计和营销手段吗？是，也不是，产品和营销可以成为企业在新时代破局出圈的关键因素，前提是你的运营模式可以提前新鲜化，足以支撑新产品和新营销方案的落地。

贝佐斯在亚马逊创立初期，想把亚马逊定位成"地球上最大的书店"并为此投入了大量的资金。好在经过两年的亏损之后亚马逊很快扭亏为盈，成功实现了上市。

到了1997年，亚马逊通过版图扩张已经在线上零售方面有了绝对优势，成为"地球上最大的书店"。之后，亚马逊通过发展品类再次扩张，到了2020年，亚马逊已经不仅是"地球上最大的书店"，更是成为全球"最大的零售商"，贝佐斯也因此成为"世界首富"。

那么，亚马逊是如何从"地球上最大的书店"摇身一变，成为"地球上最大的零售商"的呢？答案在于亚马逊的运营模式中有一个更新鲜的手段。

2003年，苹果推出了iTunes音乐商店，消费者可以直接从在线商店中购买音乐产品。苹果此举对整个影音书市场产生了巨大影响，一经上线便引起轰动。贝佐斯从苹果公司的成功中受到启发，意识到内容数字化浪潮已经到来，于是着手准备自己的电子阅读器。

2007年亚马逊推出了第一代电子阅读器Kindle，虽然使用方便，但价格昂贵。为了成功将电子阅读器销售出去，贝佐斯想到了一个巧妙的方法，那就是通过低价售书的方式，吸引消费者购买电子阅读器。当时市面上的电子书价格在十几美元到几十美元不等，亚马逊通过集中购买的方式从发行商处获得了一定的折扣，以14.99美元的价格购买电子书，然后以更低的价格——9.99美元——销售给Kindle用户。考虑到电子书的便利性以及超低价格，很多用户下单购买亚马逊的电子阅读器。

以降低相关产品价格的方式带动价格更高的配套产品的销量，这样全新的电商平台运营模式让亚马逊在电子阅读器上赚得盆满钵满，同时也让贝佐斯看到了亚马逊销售其他类型产品的可能性。之后，亚马逊的经营范围不断扩大，除了图书以外，家具、数码产品、食品、乐器、首饰、美妆、厨具、服装等相当广的领域亚马逊都有所涉足。现在，亚马逊已经成为世界上最大的电子商务公司。

一个新鲜化的运营模式对于企业来说，等同于一条非常规的发展路径，当你走上一条和同类型企业完全不同的道路时，"内卷"自然而然就会被打破。

互联网时代过去了，移动互联网时代已经到来，现在的企业又该如何实现运营模式的新鲜化呢？从我个人的经验来讲，我觉得可以从社群的角度入手。那么，社群对企业的运营有哪些全新的价值和意义？社群的运营模式新鲜在哪里呢？这就要从社群的特质说起了。

1. 社群＝成本最低、效率最高的营销模式

要问现在什么最火？有人会说："当然是X茶啊，排队排那

么久才能喝到一杯芝士奶盖。"也有的人会说:"一杯饮料有什么了不起,苹果手机出新品的时候才最火,有大批的果粉会通宵排在苹果门店门前。"

在我看来,他们说的都对,但是都没有抓到重点。X 茶和苹果手机为什么会这么火,是因为饮料的口味太好?还是最新版的苹果手机太有诱惑力呢?其实,最关键的原因是它们拥有一群忠诚的粉丝,而且数量庞大。小米正是依靠粉丝而成功崛起的品牌,"粉丝经济"正是由小米而来。

因为粉丝而成功的企业数不胜数,无论是苹果、小米,还是 X 茶,或者其他异军突起的新兴品牌,都有一个共同的特点,那就是他们的早期发展都没有走传统的广告模式。为什么不做广告?因为社群本身就是一种成本最低、效率最高的营销模式,因为社群有粉丝。

醉客的很多事如果放到传统的白酒企业,可能要花费一大笔成本,但是在社群模式下,很可能一分钱不用花就可以达到预期的效果。

2. 社群 = 最低成本的渠道

之所以会说社群是最低成本的渠道,是因为这个群体里的人都有一个共同的目标。

社群不是靠打广告吸引消费者的,只是因为大家有一个共同的目标,就这么聚集到一起了。这种低成本的渠道组成方式,哪家创业企业会不想要呢?

3. 社群 = 化解营销困境的绿洲和黑海

在经济学中，蓝海代表未知的市场空间，红海代表竞争激烈的市场。那么，黑海代表的是什么呢？黑海就是只有你一个人，唯你独存，而社群就是黑海。简单来说，社群模式无孔不入，其他的人给公司打工都是为了利益，而给社群工作的人都是基于热爱，基于价值观。社群里的人信奉的是忠诚信仰、统一思想、统一行动。

对于没有流量的网站，没有顾客的企业，该怎么办？你要找到属于你的价值观，并且找到一群跟你拥有同样价值观的人，然后设定一个目标，再找一群跟你目标一样的人，通过创新进行社群化创业。

说到这里，关于解决"内卷"的六种方法已经全部讲解完毕，为了加深理解，我们再回顾一下之前的内容。

使命真切化，就是人不要追求虚伪目标和虚假三观，不要给自己洗脑；价值前凸，就是只有你的使命真切，你才能真正关心顾客，关心他人，关心孩子，从而比别人看得更远；全系统差异化，就是要跳出原来的舒适圈，进行自域扩张，搭建你的新基础，新基底，新结构；底层重构，强调的是只有重构底层逻辑，才能支撑全系统差异化的落地；外部思维引领，才能打破执念；手段新鲜化，侧重的是在新时代要开发新思维，新手段。

"反内卷"的六个方法，从经济到文化都有涉足，具体应该践行哪些方法，如何解决自己遇到的问题，需要大家将知识融会贯通之后，自己去领悟。

第4章 CHAPTER

"反内卷"要义:从小我到大我,从竞争到博弈

"内卷"的本质是外利有限、狭窄竞争。大多数内部竞争的真实情况是,谁都无法获得更多的利益,却争得你死我活,因此我们要进行"反内卷"。那么"反内卷"的核心要义,或者它的哲学要义是什么呢?我把它总结成一句话:从小我到大我,从竞争到博弈。

4.1 竞争只会"内卷",博弈才能双赢

从小我到大我,强调的是思维上的转换,从狭隘走向开放。

从竞争到博弈，是让我们重新认识竞争，现阶段的市场竞争，更多的应该是一种博弈。

在现实当中，有不少经营者会把竞争与博弈看作同一事物，实际上两者之间存在很大的差异。所谓"竞争"，是一种"你死我活"的关系，处于竞争关系的企业，都想要打败所有的对手，实现自己独占整个市场的期望。这是现阶段市场上大多数企业对待竞争对手的态度。

然而发展阶段相近、体量相似的企业之间的竞争，除非一方出现致命失误，否则很难在短时间内分出胜负。为了打败自己的竞争对手，企业不得不进行长期的对抗性投入，即便最后能够取得竞争的胜利，也是"伤敌一千，自损八百"。在行业内部，一切以排除异己为目的的竞争，最终都会以两败俱伤的形式收尾，而"内卷"也正因如此，才会频繁地在一些热门行业当中出现。

虽然"博弈"也有竞争的意味，但博弈的目的并不是置竞争对手于死地，而是为自己找到一条更好的发展路径。也就是说，虽然竞争对手依然存在，但你要做的不是去打败他们，而是想方设法走出适合自己、同时又和竞争对手完全不同的发展路径。

相对于行业内部盲目且无序的竞争而言，从自身出发寻找独特的出路，避开激烈竞争的博弈思维，能够更加有效地避免陷入"内卷"。

4.1.1 目光短浅，以自我为中心是"内卷"的认知根源

现在大多数的企业，从创业阶段开始就面临无处不在的竞

争，它们不仅要想方设法地超越行业内发展更快的同行，还要防备后起之秀赶超自己。长此以往，越来越多的经营者把竞争看作一种习以为常的事情，他们都觉得站在自己的立场上，为了维护自己的利益，去打压、对抗其他企业，是一件正确的事情。正是因为这种认知才导致"内卷"日益猖獗。

我们回顾"囚徒困境"这个例子，从任何角度来说，两人同时选择抵赖都是最佳的选择，最终的结果却是两名罪犯同时招供。因为我们作为局外人，从全盘角度出发，能够看到最佳的结果。而身为当事人，两名犯罪嫌疑人则是从自身利益的角度考虑，在他们看来，若是对方提前招供，那么自己必然会被判处更长的刑期；如果自己率先坦白，有可能会被无罪释放；无论是为了趋利，还是避害，都应该选择提前招供，而不是坚持抵赖。这种选择看似对自己有利，最终的结果是两人同时获刑八年。

我讲这些是想要说明，当认知受限，考虑问题只能考虑到自身的时候，即便能够根据自己认知的方向制订合适的战略并有效地执行，得到的结果往往也不尽如人意。

"囚徒困境"其实体现了"博弈论"当中的一个重要内容——"纳什均衡"。这个理论以提出者、美国著名经济学家约翰·福布斯·纳什的名字命名。纳什博士因为提出了"纳什均衡"理论，对经济学和博弈论做出了重要贡献，而被授予诺贝尔经济学奖。

所谓"纳什均衡"，指的是在博弈过程中，无论对方的策略选择如何，当事一方都会选择某个确定的策略（支配性策略）；如果任意一位参与者在其他所有参与者策略确定的情况下，其选择的策略是最优的，那么这个组合就被定义为纳什均衡。这种学术的解读过于生涩，简单来说就是在竞争关系当中，存在一组让所有竞争者都能利益最大化的策略组合，这个组合就满足了"纳什均衡"。

比如，在"囚徒困境"这个案例中，"纳什均衡"就是两个犯罪嫌疑人同时抵赖的情况。当双方或多方之间的竞争可以维持纳什均衡状态时，处于竞争关系的所有人都能利益最大化。

然而在现实当中，作为竞争的参与者，在制订战略的时候，我们往往是从自身的利益出发。目光短浅和以自我为中心，使得现实当中的竞争者极少能够达到"纳什均衡"的状态，反而会因为利益冲突，行业内部的竞争越来越激烈，最终陷入"内卷"当中。

我国人口众多，市场广阔，每一个行业背后都是巨大的市场当量，企业没有必要为了独占某个市场疯狂地与同行竞争。开放眼界，关注竞争对手，制订能有效避开竞争的目标和战略，反而更容易实现持续、稳定的发展。

为什么我要强调企业或者个人应该改变狭隘思想，从小我到大我，从竞争到博弈？原因很简单，竞争的最终目的是"你死我活"，而博弈的最终目的是实现均衡的发展，不论是对于企业自身来说，还是从行业、社会的发展角度来看，博弈显然是比竞争更合适的发展模式。

4.1.2　理性博弈，合作共赢

"他强由他强，清风拂山岗。他横由他横，明月照大江。他自狠来他自恶，我自一口真气足。"这是金庸在《倚天屠龙记》中对张无忌习练的内功心法《九阳真经》的描述。这就是典型的博弈思维，不去和别人的优势竞争，而是坚持用自己的优势，走出独特的道路。

在现实生活当中，有很多虽然双方存在竞争关系，但通过理性的博弈，最终实现共赢的案例。

比如在汽车制造领域，大家公认的一对竞争对手就是奔驰和宝马。二者之间的竞争由来已久，在外界看来双方应该是"你死我活""水深火热"的关系，实际上这两个品牌的关系，更类似于网络上流行的"相爱相杀"。

2019年5月，原奔驰总裁蔡澈卸任之际，收到了长久以来的竞争对手宝马的祝福。

2016年，宝马创立100周年，奔驰发布了一张祝福海报，上面写着一行大字："感谢100年来的竞争。"这行大字不是重点，重点是下面的一行小字："没有你的那30年其实感觉很无聊。"众所周知，奔驰比宝马早成立了30年。随后，宝马车迷制作了一张海报予以回应，上面写道："君生我未生，我生君已老。"

作为两个历史悠久的汽车品牌，一百多年以来，宝马和奔驰相互竞争，但所有的竞争行为，都是"发乎情，止乎礼"。奔驰一直坚持自己的尊贵定位，而宝马也始终秉持让驾驶更有乐趣的使命，双方在自己的细分领域发光发热，虽然存在品牌层面的博弈，但从来没有为了打败对方、占据对方的市场份额而发起恶意竞争。

在理性的博弈下，奔驰和宝马这两个品牌非但没有因为竞争而陷入"内卷"，两败俱伤，反而携手共进，实现了互利共赢。这就是博弈思维和竞争思维本质上的差异。

可口可乐和百事可乐也是这样一组博弈的对手。成立更早的可口可乐因为手中有正统可乐汽水的配方，所以一直以正宗口味作为发展路径；百事可乐作为后起之秀，更关注年轻消费群体，选择用更新颖的口味和宣传来吸引年轻消费者。两个品牌有各自的渠道，各自的特点，虽然同为可乐产品，不可避免地会被人拿来对比，双方之间也存在一些竞争关系，但始终都保持在理性博弈的范围内，各自深耕自己的细分领域，没有过多盲目的竞争。

说到底，博弈最大的价值，就是消灭了所谓的胜负，没有了胜负，共生就成了必然的结果，合作共赢自然也会顺理成章地实现。

4.2 从小我到大我："夹缝"中求生存，成就"一家独大"

提起汉堡炸鸡连锁品牌，多数人想到的是 K 品牌或 M 品牌，这两个品牌进入中国市场已经几十年，而且发展得还不错，在消费者心中拥有一定的"江湖地位"。然而，能够被称为国内汉堡炸鸡连锁"第一"品牌的不是 K 品牌，也不是 M 品牌，而是 H 品牌。

看到这里，或许很多人会表示疑问和不解：H 品牌是谁，为什么它能打败 K 品牌和 M 品牌？如果你就是这样想的，只能说明你对这个行业的了解太少，或者你不了解三四线城市的下沉市场。我来告诉你一组数据：截至 2020 年年底，K 品牌在国内的门店数量为 7100 余家，M 品牌为 3500 余家，H 品牌的门店数量超过了 15 000 家。也就是说，在中国市场，H 品牌的门店数量比 K 品牌和 M 品牌的总和还要多。

H 品牌成立于 2000 年，是实打实的本土企业。2001 年，H 品牌的第一家餐厅正式开始营业。当时中国快餐连锁市场被 K 品牌和 M 品牌这两大巨头牢牢占据，那么 H 品牌是如何在"夹缝"中顺利存活，继而实现逆袭，后来居上的呢？

H 品牌的制胜原因在于品牌定位。H 品牌走的是"草根路线"，采用的竞争策略是"农村包围城市"，加盟的方式更是区别于其他大品牌，就这样三管齐下，走出了一条与众不同的扩张之路。

4.2.1　市场下沉，以平价策略出圈

无论何时何地，低价格且品质尚可的商品对于消费者来说都有着巨大的诱惑力，而草根定位的 H 品牌走的正是物美价廉这条路。

其实一开始，H品牌并没有参透这个道理，刚开始它基本上是照搬K品牌的经营模式。但模仿者即便模仿得再像，也很难超越原创。因此，H品牌发展得非常吃力，不但扩张速度慢，而且销售业绩始终不太理想。

为了解决发展的问题，H品牌仔细分析了K品牌的经营模式，发现对方的优势在于高质量的产品和优质的服务，而这一切都是靠提高成本带来的。明白了这一点之后，H品牌很快重新拟定了发展战略，不再过分强调产品的品质和特色服务，而是选择以平价战略来破局。

在这种新战略的指导下，"123套餐"（1元可乐、2元鸡腿、3元汉堡）成为H品牌早期的主打产品，这个套餐推出后，一时间店门口排起长队，营业额成倍增长，这一策略的成功也坚定了H品牌走性价比快餐之路的决心。凭借与K品牌、M品牌完全不同的定位和策略，H品牌成功避开了激烈的竞争，在市场上站稳了脚跟。

4.2.2 区域差异，"农村包围城市"

当K品牌、M品牌在一二线城市竞争的时候，H品牌采用迂回策略，以"农村包围城市"的策略挺进三四五线城市的下沉市场，并依靠性价比策略迅速形成规模。H品牌之所以选择三四线城市的下沉市场，主要有三个原因：首先，一二线城市是K品牌和M品牌的天下，它们已经在那里深耕多年，品牌形象深入人心，新品牌想要在"夹缝"中生存，非常不易；其次，一二线城市的消费水平和收入水平普遍较高，低价策略在这里未必有效；最后，一二线城市开店的成本太高，也不适合扩张。

相比之下，对于H品牌来说，三四线城市的吸引力和竞争优势更加明显，因此，趁K品牌和M品牌还没进驻之前，H品牌迅速占领了这一市场。虽然K品牌和M品牌也陆续进驻了二三线城市，但是H品牌当初在选店址的时候，就避开了人流量最大的黄金街道，店面也以中小型为主，因此，即使身处同一市场区位，H品牌与K品牌、M品牌这些大品牌之间的利益冲突也并不激烈，双方之间的博弈相对理性。

4.2.3　从"百城万店"到创业平台

说到H品牌的成功，除了上面提到的定位和策略精准之外，还有一个很重要的原因，就是以加盟方式走出了一条独创之路。开始踏上连锁扩张征程的时候，在一番"跑马圈地"之后H品牌发现，加盟店的存活率非常低。经过分析和研究，H品牌开创了"门店众筹、员工合伙、直营管理"的合作连锁模式。

简单来说，就是H品牌通过门店众筹的方式将股份下放给员工或者其他外部合作者，这样既激发了员工的工作热情又留住了关键人才。H品牌提供技术、原料、物流、品牌输出等支持，通过直营管理确保了门店经营标准的统一，配合门店众筹，优势互补，实现双向持股的深层次合伙。H品牌依靠这种加盟模式很快实现了迅速扩张，2006年它还仅有200家，到了2014年便已经拥有4800多家门店，再到了2018年，门店数量已经破万，2020年已经超过15 000家。

在实现了"百城万店"的目标之后，H品牌又有了一个更大的梦想，那就是做一个创业平台，帮助更多小餐饮品牌实现迅速发展，并定下了新目标——计划孵化100个品牌，每个品牌做1000家店。

这一计划是从H品牌的大本营福州起步的，很多小餐饮品牌从中受益，其中比较典型的案例就是某比萨连锁品牌。在H品牌的帮助下，这家比萨连锁品牌新增了200余家门店。

从独创的加盟模式，到打造创业平台，H品牌再一次走上了和同行完全不同的发展道路。这种巧妙的博弈策略，避开了行业头部的优势区位，充分发挥了自身的优势。其实H品牌的创始人在创建品牌之初，并没有多大目标，也没想过要成为行业巨头，没想到一步一步踏实地走过来，不断积蓄能量，最终成了细分领域的冠军。

说到这里，我想到了另一个曾经很火的炸鸡汉堡连锁品牌——D品牌。H品牌刚创建的时候曾一度被D品牌逼进了"死胡同"。按道理来说，作为比H品牌早进入市场五年的D品牌，也曾风光无限，为什么最后逆袭K品牌和M品牌的不是它，而是H品牌呢？

这就关系到本章的主题了，竞争与博弈。D品牌进军快餐行业的时候，对标的正是行业大佬K品牌。无论是门店选址，还是产品价格，基本在向K品牌看齐。然而，K品牌在此之前已经教育市场多年，品牌形象早已深入人心，可以毫不夸张地说，绝大多数人的快餐习惯正是K品牌和M品牌培养起来的。所以D品牌的正面竞争并未取得预期效果。

反过来看 H 品牌，它不在一二线城市跟大品牌争，而是好好布局下沉市场，专心做"平价汉堡"，踏踏实实地一家店一家店扩张。从这个角度来看，D 品牌奉行的是竞争策略，H 品牌奉行的是博弈策略。竞争是要比对手更强大，否则胜出无望，博弈却可以另辟蹊径，避开竞争，与先行者和平共处，共谋发展。

4.3 从竞争到博弈：闷声发大财

2021 年年初的时候，国内三家新茶饮品牌都在紧锣密鼓地进行融资、估值。这三个品牌分别是 X 品牌、N 品牌和 B 品牌。其中，X 品牌就是前面提过的在口味设计上做得非常出色的那一家。

在看到这个消息时，我很意外，我原来一直认为，在新茶饮这个行业内，无论是从知名度还是企业规模上来说，风头正劲、排名比较靠前的两个品牌就是 X 品牌和 N 品牌，而且这两个品牌一直是行业内比较高调的存在，得到资本助力之后，二者之间的竞争更是从未间断。

相对来说，我对 B 品牌并不熟悉，只是知道而已。没想到看上去默默无闻的 B 品牌异军突起。

相关资料显示，截止到 2021 年 2 月，X 品牌已经完成了五轮融资，估值达 250 亿元；N 品牌也经过了 C 轮融资，估值达 130 亿元；B 品牌刚在 2021 年 1 月中旬完成首轮融资，然而估值已经超过了 N 品牌，达到了 200 亿元。

三家新茶饮即将 IPO 的消息一经传出，很多人都把目光对准了 B 品牌。很多人跟我之前的想法是一样的，认为 X 品牌和 N 品牌才是旗鼓相当的对手，D 品牌能够在这两大行业头部虎视眈眈下成功突围，确实很令人意外。

4.3.1　主攻小镇青年，做到"十元以下无对手"

喝奶茶已经成为这一代年轻人的时尚，"靠奶茶续命"是很多 90 后、00 后的口头禅，他们也因此成为新茶饮的主力消费军。为了能够喝上一口心仪的奶茶，很多年轻人可以花两三个小时来排队。甚至在有些一二线城市更是催生了一个新职业——奶茶代购。由此可见，奶茶在这个时代是多么火爆。

我曾亲眼见到，一家 X 品牌新店开业的时候，店门外排起了长长的队伍。不得不说，X 品牌和 N 品牌在一二线城市的年轻人心中的江湖地位无人能及，而它们广受欢迎自然有其成功的原因和路径。

X 品牌的成功，最重要的一点是坚持新产品的研发。当初入局时，X 品牌依靠的就是市场上从未出现过的两款茶饮：芝士茶和奶盖茶。在接下来的发展中，X 品牌放大了在原创茶饮方面的投入，在不断研究和推出新品的同时，也在原料供应方面下足了功夫。一方面积极与众多国际知名品牌进行原料合作，另一方面布局有机茶园，同时还自建了草莓基地，就是为了能够把最新鲜、最健康的原料掌控在手中。

N品牌的发展路径跟X品牌相差不大，在商业模式上却有着自己的特色。N品牌的用户画像比X品牌更精准，重点客群是20~35岁的都市女性。为了迎合这一客群，N品牌打造的是"一杯好茶+一口软欧包"的经营理念，也就是说，在这里不仅可以喝到高品质的奶茶，还可以吃到香甜可口的软欧包，这种产品策略一下子就击中了都市白领的心。

然而，在这两大品牌成功的背后也存在着一个很大的问题，那就是价格太高。这两个品牌主打的都是高端消费市场，一杯茶饮的价格在30元左右，其中一些旗舰产品的价格甚至更高。对于大城市的年轻人来说这不算什么，可是在很多三四线城市，花30元买一杯奶茶对很多人来说是奢侈的事情。

在这样的背景下，一个茶饮品牌利用低价策略突出重围，它就是被称为奶茶界"拼多多"的B品牌。其实说起品牌历史，B品牌绝对是"老前辈"，这个品牌早在十几年前就创立了，是卖冰淇淋起家，后来才慢慢开始做茶饮。

虽然主攻的是下沉市场，但是B品牌也在努力通过创新在提高产品品质的同时把价格做到更低。从2012年开始，B品牌组建了自己的中央工厂和研发中心，后来也实现了自产核心原料。

随着品牌效应日益壮大以及门店数量快速扩张，B品牌不再局限于将门店开设在三四线城市。令我没想到的是，在一线城市开设众多门店之后，它那标志性的十元以下茶饮竟然也广受好评。看来，就算是突围到了一线城市，拥有极致性价比的B品牌也吸引了大批的消费者。

回顾 B 品牌的崛起之路，我明白了为什么这样一家优质的品牌过去没有被更多人关注到，因为它的崛起非常顺利，没有遇到激烈的竞争，也没有遇到太多的阻碍，就这么一步步稳固又高效地发展起来了。

而 B 品牌之所以能够有效地避开竞争，很大程度上是凭借着和市面上成名的奶茶品牌截然不同的定位。在同一领域，即便你投入再多的研发资本，也很难快速打败它们，反而有可能因为触碰了对方的利益而招致激烈的竞争，最终被底蕴深厚的头部企业淘汰出局。

B 品牌非常巧妙地利用了博弈思维，通过下沉市场和高性价比产品的特殊定位避开了同行深耕的领域，从而规避了竞争，实现了快速崛起。

4.3.2　多年前既定的直营 + 加盟，反而造就了品牌的崛起

茶饮市场的火热，让众多茶饮品牌都在飞速扩张。截止到 2020 年年底，X 品牌在全球 61 个城市拥有 695 家门店；同年，N 品牌也遍布了全球 70 个城市，拥有近 500 家门店。B 品牌截止到 2019 年年底，营收已高达 65 亿元人民币，其门店数量在 2020 年的 6 月就实现了 10 000 家的年度目标。

2017 年，X 品牌创始人曾对媒体表过态："我们绝不做加盟。"几年过去了，按 X 品牌门店的扩张速度来说，他们确实严格采用直营模式将 X 品牌文化传递下去。和 X 品牌一样，N 品牌在创立之初也确定了不加盟的政策。

针对这一点，B 品牌却反其道而行。早在 2007 年也就是品牌创立的第十年，B 品牌就已经确定要走直营＋加盟的路线了。这一决策使得它在未来"误打误撞"地打赢了一场与茶饮双巨头的错位竞争，迅速占领了国内庞大的下沉市场。

其实 B 品牌才是真正的运营高手，它看似默默无闻，却一直在用直营＋加盟的形式，先在数量上慢慢规模化，然后门店逐渐密集化，最后品牌效应渐热化，如今以一招"农村包围城市"的策略让自己在一线城市也广受好评。

在变幻莫测的时代背景下，对于个人和企业来说，想要在同一个环境或同一个行业里获得新生，就不能一门心思困在一个圈子里想出路，这样只能深陷在"内卷"中。我们必须要开辟出一条新路，另辟蹊径寻求更好的发展，想办法把蛋糕做大。即便为了达到这个目的会把自身打破、让企业重组，也不能放弃。要实现这一目标的方法就是，从小我变成大我，从竞争变成博弈。

事物的发展都有自己的规律，"内卷"是个人、企业乃至整个社会发展都无法避免的，我们正在或主动或被动地经历着"内卷"。虽然"内卷"的危害巨大，但如果不经历，就无法破局而出，无法进入更高的发展阶段。

危机往往与机遇并存，当"内卷"的危机影响每个人，每个行业的良性发展时，同时也是实现跨越式增长的最好时机。面对这个"内卷"的时代，我们要做的就是重新梳理自己拥有的，然后用博弈的思维改变自己的认知，重塑自己的使命、价值观以及发展方向与模式。

无论在逻辑层面，还是方法维度，所谓的"反内卷"就是在重做。

人们常说"时势造英雄"，在这个"内卷"的时代，其实是"英雄造时势"。率先打破"内卷"的僵局，才能找到一条通往未来的全新赛道。

推荐阅读

社群化：酣客5年100倍增长的社群方法论

这是一本所有中小企业都能用到的实战宝典，作者梳理了自己成功的创业经历，详细阐述了社群化在企业中落地的实用方法，无论是企业转型还是产品创新；无论是组织重构还是粉丝经营，都能从中找到可循之路。